Dietrich Grund

Kleine Chronik von Taufkirchen

Die Deutsche Nationalbibliothek verzeichnet diese Publikation in der Deutschen Nationalbibliografie, detaillierte bibliografische Daten sind im Internet über http://dnb.dnb.de abrufbar.

© Dietrich Grund 2016
Herstellung und Verlag:
BoD – Books on Demand, Norderstedt
ISBN: 978-3-7431-1725-9

Der Autor:

Dietrich Grund
Heimatforscher, Taufkirchen

Widmung

Taufkirchen schuldet diesen Persönlichkeiten besonderen Dank:

Pfarrer Johann Wenk (1871-1953), dem Heimatforscher[1]

Pfarrer Karl Hobmair (1911-2003), dem Autor des Hachinger Heimatbuches

Heimatpfleger Ernst Kistler (1928-2015), dem Sammler und Bewahrer

Historikerin Dr. Gertrud Diepolder (1925-2016), der Mittelalterforscherin

---

1 Johann Wenk sammelte als Erster Dokumente zur Geschichte Taufkirchens in den einschlägigen Archiven

Grußwort von Bürgermeister Ulrich Sander

Die Wurzeln Taufkirchens finden sich schon in vorgeschichtlicher Zeit. Über die Jahrhunderte hinweg gibt es viele Zeugnisse der Siedlungstätigkeit und aus den letzten Jahrzehnten können noch zahlreiche Zeitzeugen persönlich berichten. Es liegt in der Natur der Sache, dass man, je näher man zur Gegenwart rückt, immer mehr Ereignisse berichten kann. Alles zu erfassen würde mehrere historische Bände füllen.

Mit seiner „kleinen Chronik" blickt Heimatforscher Dietrich Grund in Kurzfassung auf die Epochen und bietet einen Überblick bis zum aktuellen Heute. Er ergänzt damit nach der Darstellung über den Hachinger Bach und über die Adelsfamilie der Taufkircher die Erkenntnisse und Betrachtungen zur Entwicklung seiner Heimatgemeinde.

Ich wünsche Ihnen viel Spaß beim Lesen und vielleicht weitere Nachforschungen, zu denen Sie durch die Lektüre angeregt werden.

Taufkirchen, im November 2016

Ulrich Sander
Ulrich Sander
Erster Bürgermeister von Taufkirchen

Grußwort von Prof. Dr. Hermann Rumschöttel

Das Umland von München, die Siedlungen, Verkehrsachsen und Freiflächen erscheinen dem oberflächlichen Betrachter, der sie vom Flugzeug aus überblickt oder als eiliger Einpendler mit dem Fahrzeug durchquert wie der ausfransende Rand einer Millionenstadt – anonyme Schlafgemeinden, gehobene Wohnghettos, zurückweichendes Bauernland. Nähert man sich jedoch aufmerksam diesem Land um die große Stadt, lässt man sich ein auf die Sieglungsstruktur, die Straßen und Plätze, das Leben der Menschen etwa in den 27 Gemeinden und zwei Städten des Landkreises München mit ihren Dutzenden von Ortsteilen, dann lernt man vielfältige „kommunale Individuen" kennen, Gemeinwesen, die man geradezu als ausgeprägt selbständige Persönlichkeiten bezeichnen könnte.

Diese Individualität hängt zusammen mit der Gestaltung der baulichen Umwelt, dann mit dem gesellschaftlichen, politischen und kirchlichen Leben und schließlich mit der geschichtlichen Entwicklung, die zu dem geführt hat, was heute existiert. Will man die Gegenwart verstehen, muss man somit ein bisschen etwas von dieser prägenden Vergangenheit wissen. Eine gewisse historische Tiefenschärfe macht orientierungssicherer und ist ein wichtiger Teil des Fundaments, auf dem sich Heimat oder Beheimatung aufbauen lassen.

Entscheidende Voraussetzung für solide geschichtliche Information ist die sorgfältige wissenschaftliche Erforschung der Vergangenheit, entscheidende Voraussetzung für eine breite Wirkung der dabei gewonnen Erkenntnisse ist eine lesbare, verständliche, knappe und zugleich präzise Wissensvermittlung.

Die vorliegende Chronik der Gemeinde Taufkirchen aus der Feder eines erfahrenen Autors ist ein gelungenes Beispiel für Geschichtsvermittlung, der es darauf ankommt, bei den Menschen anzukommen. Das Büchlein, das man nicht nur Bürgerinnen und Bürgern Taufkirchens zur Lektüre empfehlen kann, ist zugleich eine Anregung für andere Gemeinden, ihren natürlich wichtigen, aber oft auch im Wortsinne ziemlich „gewichtigen" Chroniken und Heimatbüchern kürzere Zusammenfassungen, sozusagen für den Hausgebrauch, zur Seite zu stellen.

Neubiberg, im November 2016

Prof. Dr. Hermann Rumschöttel
Generaldirektor der Staatlichen Archive Bayerns a.D.

Inhalt

Einleitung 11
Erdgeschichte 11
Altertum 13
Römerzeit 15
Frühmittelalter 16
Mittelalter 20
Hofmark Taufkirchen 36
19. Jahrhundert 56
20. Jahrhundert 63
21. Jahrhundert 80
Literatur 85
Bildnachweis 87
Anhang
    Anhang 1: Die „Herrscher" von Taufkirchen 91
    Anhang 2: Bevölkerungsentwicklung 93

Einleitung

Taufkirchen und das Hachinger Tal haben eine lange Geschichte. Erstmals wurde sie von Pfarrer Karl Hobmair erzählt in seinem 1979 erschienenen Hachinger Heimatbuch, zu dem sein Kollege Johann Wenk aus Hohenbrunn bereits in den 40er Jahren Vorarbeiten geleistet hatte.

Auf diesem Fundament aufbauend, finden sich kurze Abrisse der Historie von Taufkirchen in zahlreichen Broschüren z. B. zur Einweihung des neuen Rathauses 1974, zur 850-Jahr-Feier der Gemeinde 1998 und zur 125-Jahr-Feier der Freiwilligen Feuerwehr 2001.

Zwei Arbeiten der Oberhachinger Historikerin Dr. Gertrud Diepolder beleuchten erstmals eingehend das Geschehen im Mittelalter, als die Dörfer im Tal entstanden und ihre Namen erhielten und als die adeligen Taufkircher aus dem Nebel der Geschichte auftauchten.

Auf diesen Grundlagen erscheint es sinnvoll und notwendig eine zusammenfassende Darstellung des Gewesenen vorzulegen.

Erdgeschichte

An der Wende vom Erdaltertum zum Erdmittelalter, vor 225 Mio. Jahren, zerbrach der Urkontinent Pangea. Die afrikanische und die europäische Kontinentalplatte drifteten auseinander, dazwischen entstand das Tethysmeer. In diesem lagerten sich verschiedenartige Sedimente ab, die teilweise versteinerten. Die Sedimente bestehen aus Kalkschalen toter Wassertiere und aus Gesteinspartikeln, die durch Wind- oder Wasserverfrachtung ins Meer gelangten.

Im Gemeindebereich Taufkirchens sind hier drei Schichten nachweisbar: unmittelbar auf der Kontinentalplatte, auf dem sogenannten Grundgebirge, der klüftige Malm, darüber die Kreide- und die Tonmergelschicht. Im Malm (er besteht aus Kalk und Kalkmergel) kann in etwa 4.000 Metern Tiefe das Heißwasser gewonnen werden: Stichwort „Geothermie".

Vor 100 Mio. Jahren kehrten sich die Bewegungen der Nachbarkontinente um, die Platten wurden gestaucht und der Rand der europäischen unter die Afrikaplatte gedrückt. Dabei wurden die Alpen aufgefaltet und nördlich davon entstand eine Senke: das Molassebecken, dass sich in Laufe der Jahrmillionen mit Sedimenten füllte. Damals im „Tertiär" entstanden 4 Schichten, die man bezeichnet mit Untere Meeresmolasse, Untere Süßwassermolasse, Obere Meeresmolasse und Obere Süßwassermolasse.

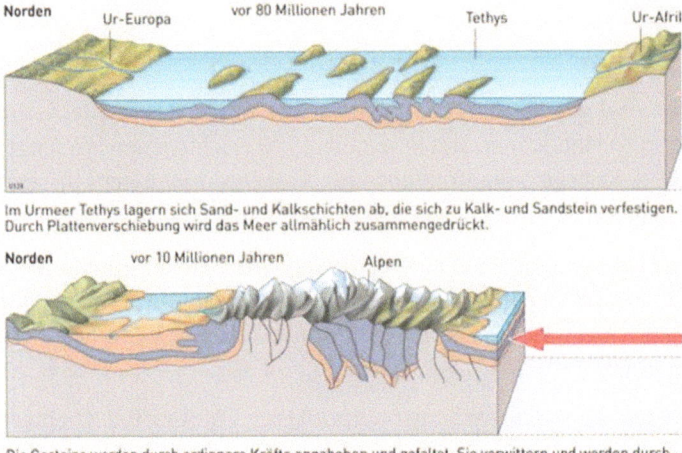

Abb.: Das Tethysmeer und die Auffaltung der Alpen

Süßwassermolasse bedeutet, dass über Jahrhunderte, Flugsand, Sand und Verwitterungsgestein (Schotter) aus den Alpen von Gewässern nach Norden verfrachtet wurden. Der Begriff Meeresmolasse zeigt an, dass zweimal das Alpenvorland von einem Meeresarm überdeckt war, in dem sandreiche Sedimente entstanden. Der Meeresarm reichte westlich bis zum Rhonegebiet und war dort mit dem späteren Mittelmeer verbunden.

Der Beginn des Tertiärs vor 2,5 Mio. Jahren ist gekennzeichnet durch ein weltweites Absinken der Temperatur. In unserem Gebiet zählt man ab da sechs Eiszeiten mit fünf dazwischen liegenden Warmzeiten. In den Kaltzeiten bedeckten Eismassen die Alpen, aus denen nur die höchsten Berge herausragten.

Das Eis bildete Gletscher, die große Schuttmassen nach Norden verschoben. Am weitesten stießen sie in der Risskaltzeit ins Alpenvorland vor. Als diese Zeit vor 120.000 Jahren endete, blieben die Moränenhügel zurück, deren Ausläufer zum Beispiel im Grünwalder Forst nachweisbar sind. Die Gletscher der letzten, der Würmeiszeit (sie endete vor etwa 10.000 Jahren), erreichten eine geringere Ausdehnung, sodass ihre Moränen weiter südlich eine Kette bilden.

Die Moränen stauten zeitweise das Wasser der schmelzenden Gletscher in Stauseen bis diese überliefen. Es bildeten sich Durchlässe und später Flusstäler und das Wasser verfrachtete Sand und Kies ins Vorland bis zur Donau.

Es heißt, dass das Hachinger Tal zunächst einen breiten Fluss als Abfluss des Wassers aus dem Weilheimer Gletschersee beherbergte, bevor die Isar sich ihr Bett gegraben hatte. Seit dem Ende der Eiszeit vor etwa 10.000 Jahren hat sich dann das

Oberflächenrelief unserer Landschaft kaum noch verändert.

Altertum

Während auf der Schwäbischen Alp vor 30.000 Jahren Menschen schon einfache Musikinstrumente fertigten, streiften Jäger erstmals 3.500 Jahre vor Christi Geburt durch unser Gebiet: ein Kupferbeil, in Unterhaching gefunden, gibt Kunde davon. Dann dauerte es nochmals über 1.000 Jahre bis die ersten Familien hier sesshaft wurden.

Damals, um etwa 2.400 v. Chr. in der Glockenbecherzeit (2900 – 2200 v. Chr.), wurden im späteren Taufkirchen, dort, wo sich jetzt der Fußballplatz befindet, ein Jäger und Mitglieder seiner Familie in 10 Gräbern bestattet.

Nördlich dieses Friedhofs zeichneten sich bei der archäologischen Grabung Reste von Pfostenlöchern ab, die Hausgrundrisse einer Siedlung aus der Bronzezeit (2300 – 1300 v. Chr.) markierten. In Bergham brachte eine Grabung die erstaunliche Menge von 200 Kilogramm Getreide (Hirse, Emmer, dazu Erbsen und Bohnen) aus jener Zeit zu Tage.

Beim Bau der Autobahn wurde 1934 bei Unterhaching ein Feld mit 124 Gräbern entdeckt. Die Toten waren nach der damaligen Sitte verbrannt und die Asche in Urnen beigesetzt worden. Daher bezeichnet man diese Epoche als Urnenfelderzeit (1300 - 800 v. Chr.).

Abb.: Bestattungsgefäß der Urnenfelderzeit aus dem Aschheim-Museum

Eine Siedlung aus der Hallstattzeit (800 – 500 v. Chr.) hat man bei der Vorbereitung der Siedlung Vivamus in Unterbiberg im Jahr 1995 nachgewiesen.

Im südlichem Landkreis München entwickelten sich zahlreiche Keltensiedlungen (500 v. Chr. bis Chr. Geb.). Die Kelten hatten eine weit entwickelte Landwirtschaft, sie betrieben Schweine- und Rinderzucht und bauten Getreide und Hülsenfrüchte an. Aus Eisen fertigten sie hervorragende Werkzeuge, Haushaltsgeräte und Waffen. Sie waren geschickt als Töpfer, Weber, Glasbläser und Kürschner. Mit viel Kunstsinn verarbeiteten sie Gold und Silber. Sie prägten ihre eigenen Münzen und trieben Handel von der Ostsee bis zum Mittelmeer. Ihre Kultur und ihre Glaubenswelt faszinieren heute noch viele Menschen.

Im Gemeindegebiet von Oberhaching sind heute noch die Wälle von acht Keltenschanzen zu sehen; solche Bauwerke gab es einst auch in Unterbiberg und Perlach. Eine der beiden Schanzen in Holzhausen bei Oberbiberg wurde wissenschaftlich untersucht. Man fand dort drei Schächte, die wohl teilweise rituellen Opferzwecken dienten. Einer war fachgerecht mit Holz ausgekleidet und fast 36 Meter tief. Insgesamt geht man heute davon aus, dass die wallförmigen Anlagen sowohl herausgehobene Bauernhöfe aufnahmen als auch religiösen Zeremonien dienten.

Abb.: Wall einer Keltenschanze in Oberhaching

1993 / 94 wurde im heutigen Sportgelände in Taufkirchen eine keltische Siedlung ergraben, die von etwa 600 v. Chr. bis 250 n. Chr. (also auch noch in der Römerzeit) bewohnt war. Die Archäologen wiesen dort Wohn- und Speicherbauten, Vorrats- und Abfallgruben, Feuerstellen und Zäune nach. Außerdem fand sich ein Frauengrab sowie eine Tierkopffibel. Im Berghamer Mitterfeld wurden ab 1999 Grundrisse von 9 Gebäuden rekonstruiert. Es handelt sich um zweischiffige Wohngebäude von 45 bis 130 Quadratmetern Fläche und um etliche vier- bis achtpfostige Speichergebäude.

Außerdem wurden drei bemerkenswerte Frauengräber geöffnet. In einem Grab war ein Kind auf einem Brett liegend bestattet worden. Die beiden anderen Gräber enthielten die Skelette einer jungen und einer alten Frau. In allen Gräbern fanden sich Gewandfibeln und Armringe. Die Grabstätte der Greisin weist die aufwändigsten Beigaben aus. Es handelt sich um zwei Bronzefibeln, zwei Armreife aus Bronze, einem Oberarmring aus Eisen und Sapropelit (fossiler Faulschlamm), zwei Fingerringe und einem Fußring aus Bronze.

Fast in jeder der heutigen Gemeinden im Hachinger Tal fand man keltische Hausgrundrisse oder Gräber, außerdem Reste eines Fürstensitzes in Oberhaching.

Fachleute schließen aus der Reihung dieser Relikte, dass es parallel zum Hachinger Bach schon einen prähistorischen Verbindungsweg gegeben haben dürfte.

Römerzeit

Kurz vor Christi Geburt eroberten die Römer das Voralpengebiet. Vom späteren Augsburg ausgehend, bauten sie zur Verbindung ihrer weit auseinander liegenden Herrschaftsgebiete drei ostgerichtete Staatsstraßen, die bei Grünwald, Oberföhring und Freising die Isar kreuzten. Wie ihre Vorgänger sahen auch die Römer das Hachinger Tal als vorteilhaften Lebensraum an.

Sie legten Bauernhöfe und Siedlungen an, die sich hier wie die Perlen an einer Kette reihen (Haas-Gebhard). Archäologen fanden in Perlach Bruchstücke von römischen Mühlsteinen und weitere Hinweise auf zwei Mühlen.

Im Bereich des Taufkirchener Sportparks befand sich eine römische Hofanlage (villa rustica). Das Hauptgebäude hatte einen überdachten Eingangsbereich und war aus Stein und Holz errichtet. Abseits davon fand sich ein knapp 15 Quadratmeter großes Kellergebäude aus Nagelfluhquadern. Die Wände waren weiß verputzt und mit einem roten Streifen dekoriert. Der Keller diente als Weindepot und Zechstube. Ein weiteres Steingebäude von 10 Quadratmetern Innenfläche war mit einer Hypokaustheizung (Warmluftheizanlage) versehen. Es wurden etliche Fragmente hochwertiger Terrasigillata-Gefäße gefunden.

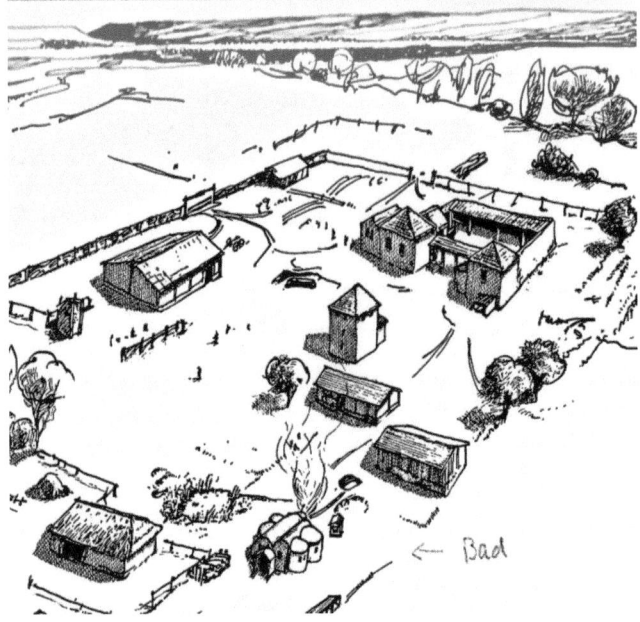

Abb.: Römischer Gutshof

Im Bereich des Wasserturms an der Hochstraße wurden zwischen 1913 und 1930 fast 20 Skelettgräber freigelegt. Die Historikerin Diepolder sagt, dass das Gräberfeld zu einem Landgut gehört habe. Möglicherweise war der „Purkstal" (Burgstall), der im Urbar des Klosters Tegernsee aus dem Jahr 1454[2] erwähnt wird, ein Rest jenes Gutes.

Die Höfe verbanden die Römer mit unbefestigten (daher archäologisch nicht nachweisbaren) Wegen wohl beidseits des Baches. Teilweise benutzten sie dabei Trassen der Vorgängerkulturen. Die Wege schlossen an die Staatsstraßen im Norden und Süden an.

Frühmittelalter

Im 6. Jahrhundert bildete sich aus der ansässigen germanischen und reströmischen („welschen") Bevölkerung der Stamm der Bajuwaren. Haas-Gebhard schlägt vor, die Bajuwarenzeit anzusetzen von 476 (Ende von Westrom) bis 788 (Absetzung Tassilos III).[3] Bayern war damals weitgehend von Wäldern und Sümpfen bedeckt. Dazwischen lagen „inselartige Siedlungskammern" meist an Flussläufen, auf guten Böden und in

---

2 Hermann Rumschöttel (Hg.), Lebendige Heimat Oberhaching, Oberhaching 1999, S. 321, Burgstall lt. Johann Andreas Schmeller, Bayerisches Wörterbuch: „Stätte, auf welcher ein Schloss steht, gestanden hat oder zu stehen kommen mag"

3 Brigitte Haas-Gebhard, Die Baiuvaren, Archäologie und Geschichte, Pustet Verlag, Regensburg 2013, S. 16

Reichweite der verbliebenen Römerstraßen.

Abb.: Ein Dorf der Bajuwaren

Die von den Römern übernommene Landwirtschaft im Hachinger Tal wurde von den Nachfolgern zielstrebig fortentwickelt. Aber es „trat an Stelle der ländlichen Siedlungslandschaft mit Villen bzw. Einzelhöfen eine neue Siedlungsstruktur mit Dörfern und Weilern."[4]

Die frühen Ortsnamen des 6. und 7. Jahrhunderts wurden meist aus einem Personennamen und der Endung „ing" gebildet, wie Hach-ing und Pett-ing aus Hacho und Petto. Es heißt: „Ein vielleicht alemannischer Hacho hat diesem Siedlungsraum und damit indirekt seiner Lebensader, dem Hachinger Bach, den bleibenden Namen gegeben" (Diepolder). Ob Hacho aus der herausgehobenen Sippe der Hachilinga stammt, die im frühen Gesetzbuch der Bajuwaren dokumentiert ist, bleibt weiter rätselhaft.

Petting, später sagte man Pötting, verdankt seinen Namen also einem Petto. Man denkt

---

4 Brigitte Haas-Gebhard, Unterhaching. Eine Grabgruppe der Zeit um 500 n. C. bei München, München 2013, S. 207

dabei schnell an den Bischof Petto, den wohlhabenden, vielleicht mit den Agilolfingern verwandten, zweite Abt des Klosters Schäftlarn, der 806 mehrere Höfe in „Haching" an sein Kloster schenkte. Laut Diepolder ist Pötting jedoch älter, vielleicht hatte es zuerst einen anderen Namen …

Nach dem Abzug der Römer herrschte um 500 für etwa ein Jahrzehnt eine ostgotische Adelsfamilie im Tal, die hier ihren Herrensitz „mit zumindest regionaler Bedeutung" errichtet hatte. Ihre außerordentlich reich ausgestatteten Gräber wurden in Unterhaching gefunden[5]. Die „spektakulären Funde" (Haas-Gebhard), u. a. Schmuckstücke und Instrumente aus Gold, einzigartige Gewandfibeln unter Verwendung von Granat aus Indien, Reste von chinesischer Seide, wurden 2010 in einer Ausstellung und einem prachtvollen Katalog präsentiert. Anhand der verwendeten Schmuckformen der Fibeln (Fischform als Christenzeichen und Adlerdarstellung als Jesussymbol) lässt sich sagen, dass wir es hier mit den ersten Nachweisen des Christentums im Hachinger Tal zu tun haben.

Fünf Reihengräber der Bajuwaren aus den Jahren 650-700, die am Südrand von Potzham gefunden wurden, gelten als zweitälteste christliche Relikte. Gefunden wurden dort als Grabbeigaben u. a.: zwei goldene Ohrringe und vier Bronzeplaketten von zweieinhalb bis dreieinhalb Zentimeter Durchmesser. In Taufkirchen wurden aber an vielen Stellen Spuren der Bajuwarenzeit entdeckt, vermehrt in Bergham aber auch südlich der Bahnhofstraße und im SO des Fußballstadions. Braune Verfärbungen im Kiesboden zeigen die Stellen an, an den die Eckpfosten der damaligen Ständerbauten standen; daneben findet man hier meist nur wenige Reste von Gebrauchsgegenständen. So wurden beim Dulipphof an der Hochstraße im Jahr 2010 von der dortigen Frühmittelalter-Siedlung 700 Pfostenlöcher entdeckt, aber nur ein paar Scherben und Knochensplitter sowie eine Webspindel.

739 hat Bonifatius das Bistum Freising fest etabliert. Nur wenige Jahre später wird in Oberhaching die erste Kirche errichtet. Ob ergänzend dazu auch das Baptisterium (die Taufkirche) am Hachinger Bach gebaut wurde, die dem umgebenden Ort bis heute den Namen gibt, wie spekuliert wird[6], lässt sich nicht beweisen.

---

5   Ludwig Wamser (Hg.), Katalog der Ausstellung Karfunkelstein und Seide, Selbstverlag Archäologische Staatssammlung, München 2010

6   Hobmayr zitiert hier den Pater Romuald Bauernreiss „damals die anerkannte Autorität der bayerischen Kirchengeschichte (Diepolder).

Abb.: Modell der dreischiffigen Kirche in Aschheim um 600

Die Georgskirche neben dem Bach in Unterbiberg ist vielleicht ähnlich alt. Es wird spekuliert, dass sie in der Zeit der fränkischen Karolinger als „königliche Eigenkirche"[7] errichtet und wohl mit der ganzen Ortschaft an das Kloster Tegernsee geschenkt wurde.

Die Hachinger Ursiedlungen (Oberhaching, Unterhaching, „Mitterhaching" = Taufkirchen) entwickelten sich schnell. Zur Zeit Karls des Großen waren zu beiden Seiten des Baches Flächen gerodet und bebaut worden, fast schon bis zu dem heutigen Waldsaum.

Große Herren besaßen im Tal bereits reichen Besitz. So konnte der burgundische Bischof und Abt Petto im Jahr 806 zahlreiche Höfe, Felder, Wiesen und Wälder, die er geerbt oder gekauft hatte, seinem Kloster Schäftlarn übertragen (s. oben). „Haching" gerät stark in das Blickfeld expansionslustiger Herren, insbesondere des Bischofs von Freising und der Äbte von Tegernsee, wobei man viele Jahrhunderte lang in den Dokumenten die Gemarkung von Ober- bis Unterhaching summarisch mit diesem Namen bezeichnete.

In Perlach gab es um 860 ein Gotteshaus[8]. Der erste Hinweis für eine Kirche in Unterhaching stammt aus der Zeit um 1085[9]. Taufkirchen hatte spätestens 1052 ein größeres, wohl hölzernes Gotteshaus.[10]

---

7 Hermann Rumschöttel (Hg.) Neubiberg – Unterbiberg, Neubiberg 2010, S. 85
8 Georg Mooseder, Adolf Hackenberg,1200 Jahre Perlach, Festring Perlach e. V. 1990, S. 131
9 Rudolf Felzmann, Unterhaching, Ein Heimatbuch, Selbstverlag Gemeinde Unterhaching 1988, S. 121 u. 148
10 MGH Dipl. Heinrich III. Nr.2882

Mittelalter

Spätestens um das Jahr 1000 tritt nach Bischof und Abt ein weiterer Mitspieler auf den Plan: Graf Friedrich hat im „Sundergau" Besitz und Autorität gewonnen, während der Besitzschwerpunkt seiner Familie zuvor am Inn beim späteren Wasserburg gelegen hatte. Der Umgriff des „Südgaues" ist nicht genau bestimmbar. Grob lässt sich sagen, die Begrenzungen sind die Isar, der Inn, das Erdinger Moos und die Alpen.

Graf Friedrich hat seinen Gerichtsort und Markt, seine Schranne, in Haching. Hier hält er neben den Markt- und Gerichtstagen mindestens ein Mal einen „Landding"ab, eine Versammlung seiner Gefolgsleute. Ort des Treffens ist möglicherweise der „Haimkart", das Heimgartenfeld des heutigen Taufkirchen.

Friedrich ist der Ahnherr der Grafen von Andechs, die später als Herzöge von Meranien eine der vornehmsten Familien des Reiches werden sollten. Otto II, Enkel des Grafen Friedrich, verlegte die Hauptschranne zunächst nach Thanning, um 1100 nach Wolfratshausen. Er erwarb zusätzlich Grafschaften im Inn- und im Pustertal.

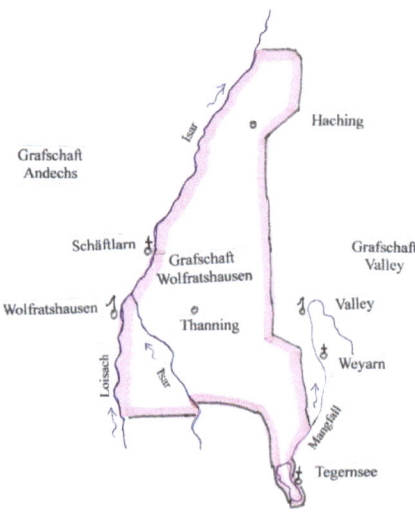

Abb.: Die Grafschaft Wolfratshausen um 1130

Sein Sohn Otto III erhielt die wichtige und einträgliche Vogtei des Klosters Tegernsee, andere Vogteien z. B. in Neustift/Südtirol kamen dazu. Die Aufgaben des Vogtes umfassten (nach van Dülmen): Gerichtsbarkeit, „Einhebung der Gefälle" [Abgaben], Anführung des Heeresaufgebotes und Durchsetzung politischer und rechtlicher

Ansprüche des Klosters.

Otto III und seine Nachfolger wickelten also die weltlichen Geschäfte ab, oft mehr zu ihrem eigenen Vorteil als zu dem der Abtei, so dass der Vorsteher sich an den Kaiser wendete, der daraufhin das Kloster mit mehr „Selbstbestimmungsrechten" versah.

Otto V (Sohn von Otto III) geriet in Streit mit dem Herzog. Die Welfen waren 1070 erstmals mit dem Herzogtum Bayern belehnt worden. Sie hatten als Basis ihrer Macht zahlreiche Besitzungen am Lech (Lechrain). Bayern wurde den Welfen bis zum Jahr 1180 drei Mal verliehen und drei Mal wieder entzogen. Ein Onkel von Graf Otto V von Wolfratshausen war ohne die Billigung des Welfenherzogs Heinrich X im Jahr 1132 Fürstbischof von Regensburg geworden. Der Herzog, der ja ebenfalls in Regensburg residierte, ließ zur Vergeltung Dörfer des Bischofs nahe der Stadt verwüsten.

Als Heinrich mit seiner Gefolgschaft später durch die Grafschaft Wolfratshausen zog, wurde er von Otto überfallen. Der Herzog ließ daraufhin die Burg Wolfratshausen zerstören und in der Grafschaft am Inn den Ort Amras und dessen Umgebung brandschatzen. Otto V kam drei Jahre lang in Haft, wurde danach aber begnadigt.

Sohn und Nachfolger von Otto V war Graf Heinrich II. Als Heinrich 1157 kinderlos starb, trat sein Neffe, Berthold III, Graf von Andechs, die Erbschaft an. Die Familie erwarb zusätzlichen Besitz und Berthold wurde zum Markgrafen von Istrien erhoben. Über seinen Sohn heißt es: „Berthold IV hatte sieben Grafschaften inne" und über die Andechser: Sie waren „neben den Wittelsbachern das mächtigste bayrische Geschlecht."[11]

Günther Flohrschütz schreibt: „Ein Teil der [in den „Klostertraditionen"] nach Haching genannten Edlen und Freien dürfte ... zu den Vasallen des Welfen gehören, so sicher Sigbold jun. (1048/68)" Vielleicht auch Gozwin, Hubert und Wolfold.[12]

Im Jahr 1158 setzte der Welfenherzog Heinrich der Löwe gegenüber dem Freisinger Fürstbischof durch, dass der Übergang der Salzhandelsstraße von Föhring südwärts verlegte wurde, so dass die Siedlung München und sein Umland erblühen konnte. Nach dem Sturz Heinrichs übernahm 1180 mit Otto I das Haus Wittelsbach die bayrische Herzogswürde.

1238 fielen die Wittelsbacher in die Andechser Besitzungen ein. Acht Jahre lang befehdete man sich: Abwechselnd zerstörten die feindlichen Herzöge Dörfer des Gegners. 1246 muss sich Otto VIII geschlagen geben: Die Grafschaften Andechs und Wolfratshausen werden in das bayrische Herzogtum eingegliedert. Welche Auswirkungen die große Politik auf die Bewohner des Hachinger Tales hatten, ist bedauerlicherweise nicht überliefert. Förderlich für die wirtschaftliche Entwicklung

---

11 Friedrich Prinz, Die Geschichte Bayerns, Pieperverlag München, 1997, S. 104
12 Günther Flohrschütz, Die Dienstmannen des Klosters Tegernsee, Obb. Archiv, Bd. 11, S. 151

waren die politischen Turbulenzen sicher nicht.

Das Kloster Tegernsee erwarb früh Besitz im Tal, Unterbiberg gehörte ihm ganz. 1030 und nochmals 1060 beklagte das Kloster, dass das Geschlecht der Welfen ihm Besitz in Haching und dem „Heimkart" „entfremdet" habe. Die Mönche bedauerten dabei einerseits den Verlust des Heimgartenfeldes im heutigen Taufkirchen. Diepolder erinnert bei dem Begriff an das Hoagartenhalten, den Hoagascht, und erläutert, dass man bei Schmeller „die alte Bedeutung forum, compitum [Wegekreuzung], Versammlungsort" findet. Sie resümiert, dass der Heimgarten ein Dingplatz, eine Tingstätte gewesen sei.

Was andererseits Haching betrifft, vermute ich, dass hier Taufkirchen mit Westerham gemeint ist. Diese bildeten damals wohl einen einzigen, sehr großen Herrenhof. Der Freisinger Bischof Nithker (1039-52) hatte offenbar daraus einen bedeutenden Besitzkomplex in Taufkirchen (angeblich aus Fiskalgut, also Königsgut) erworben.

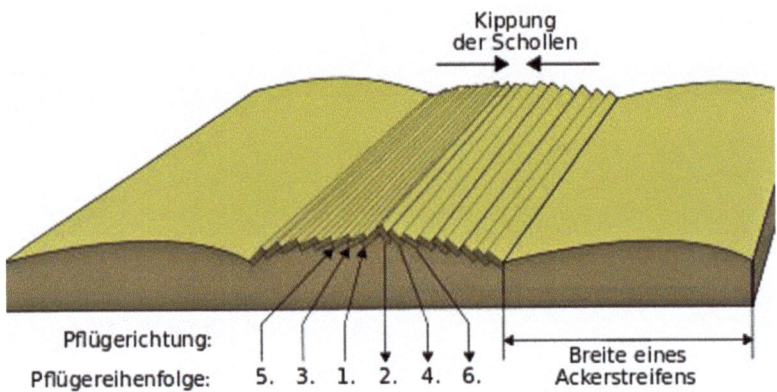

Abb.: Das System der Hochäcker

Man sagt, dass Juditha de Tovkirchen, die laut einer Urkunde zwischen 1148 und 1156 ihre Tochter dem Kloster Weihenstephan anvertraute, die erste Vertreterin des hiesigen Adelsgeschlechtes sei. Die Historikerin Gertrud Diepolder schreibt, sie sei „zu identifizieren mit der Dame Judita, die ca. 1140 ein Gut in Fürmoosen bei Moosach an das Kloster Ebersberg übergibt, denn sie tut das auf Bitten und mit Zustimmung Adalberonis barrochiani de Hechingen, des Pfarrers Adalbero von Haching, der also ihr Lehensherr oder Senior der Familie gewesen sein dürfte ... Er gehörte mit den Prälaten von Weihenstephan, von Rott und Schäftlarn und anderen hohen Geistlichen zu der Gruppe, die den jungen Bischof Otto (von Freising) auf seiner ersten Romreise begleitete." (Es wurde allerdings zu bedenken gegeben, dass die Zeugen der

Klosterübergabe mehr auf Taufkirchen an der Vils hinweisen.[13])

Judita war in erster Ehe verheiratet mit Heinrich von Hohenbrunn.[14] Er war Ministeriale des Klosters Tegernsee. Heinrich und sein gleichnamiger Sohn übereigneten dem Konvent Besitz in Oberpframmern. Waren der Vater und der Sohn mit dem Namen Heinrich jeweils eine Person, die einmal den Zusatz „de Toufchirch" und einmal „von Hohenbrunn" erhielten? Wilhelm Störmer spricht, dass >Ortsbeinamen< „bis weit ins Spätmittelalter selbst bei einer einzelnen Person je nach den verschiedenen Herrschaftszentren häufig wechselten." Ab etwa 1125 habe sich dann - parallel zum Wappenwesen - die Familiennamengebung entwickelt.[15] Nach dem Tod von Heinrich heiratete Juditha Herrn Isegrim von Standkirchen. Ihr Sohn Heinrich hat wohl um 1150 an einem Kreuzzug teilgenommen.

Im Abgabenbuch der Domkirche in Freising aus dem Jahr 1180 wird (in deutscher Übersetzung) berichtet: „Im oberen Haching gibt die Pfarrei die dritte Garbe (des Getreides), im unteren Haching gibt die Pfarrei zwei gemästete Schweine und Gänse und Geflügel, Taufkirchen (gibt die Jahresgabe) dem Pfarrer."[16] Die Pfarrei St. Johannes in Taufkirchen unterstand schon seit 1052 dem Stift St. Veit in Weihenstephan, das wiederum zum Herrschaftsgebiet des Bischofs in Freising gehörte. Gertrud Diepolder schreibt: „Taufkirchen war einmal eine selbstständige Pfarrei mit Reichnissen [Abgaben] an den Bischof, vielleicht bis um 1140, ist es aber um 1180 nicht mehr, sondern gibt die Reichnisse an den Pfarrer von Oberhaching."[17] 1315 leitete von Oberhaching aus ein adeliger Pfarrherr eine Großpfarrei mit sechs Filialen, die ab 1356 nominell nicht mehr dem Bischof (bzw. dem Domkapitel) sondern dem Stift St. Andreas am Freisinger Domberg untersteht. Auch die Kirche und Gemeinde St. Johannes gehört jetzt wohl zu St. Andreas.

Möglicherweise stammen die Taufkircher aus der sacra familia, der Gefolgschaft des Klosters Tegernsee. Das Hachinger Tal war für das Kloster so wichtig, dass sich 1091 das gesamte Konvent hier zu einem Vogtding versammelte. Es heißt auch: „Größter Grundbesitzer in Haching ... war seit agilolfingerischer Zeit [vor 788] das Kloster Tegernsee."[18]

---

13 Peter Acht, Die Traditionen der Klosters Tegernsee 1003-1242, C. H. Beck, München 1952, Nr. 234
14 Günther Florschütz, o. a. Ort, S. 159
15 Wilhelm Störmer, Adel und Ministerialität im Spiegel der bairischen Namengebung, in Deutsches Archiv für die Erforschung des Mittelalters, Böhlanverlag. Köln Wien 1977, S. 84
16 HA, HL4
17 Lebendige Heimat Oberhaching, S. 317
18 Gertrud Diepolder, Das Hachinger Tal - Fiskus Haching in Bay. Vorgeschichtsblätter, Jg.75, München 2010, S.184

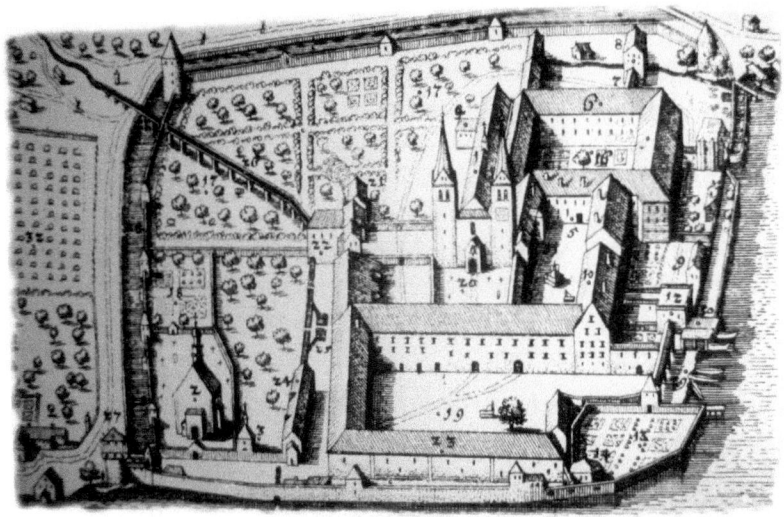

Abb.: Matthäus Merian: Das Kloster Tegernsee 1644

Die Taufkirchner Adeligen werden üblicherweise als Ritter bezeichnet, wahrscheinlich, weil die in der Dorfkirche angebrachte Grabplatte den 1381 gestorbenen Hilprant in der Rüstung zeigt. Diese Grabsitte ist in Frankreich entstanden. Sie verweist auf das, aus der Zeit der Kreuzzüge tradierte, Ideal des Ritters als Kämpfer für die Sache Christi. Die Sitte wurde auch von adeligen Herren zivilen Standes praktiziert.[19]

Es findet sich in den Dokumenten keinen Hinweis darauf, dass Hilprant oder seine Nachfolger zum Ritterstand gehört hätten. An Ritterturnieren, die zu Ende des 15. Jahrhunderts unter Beteiligung von hohem und niederem Adel eine letzte nostalgische Renaissance erlebten[20], haben die Taufkircher wohl nicht teilgenommen. Ausnahmsweise taucht aber einer von ihnen in einem Bericht vom Turnier in Würzburg von 1479 auf, das besucht wurde von „Fürst, Graf, Herr, Ritter, Edlmann". Es heißt dort: „Caspar thorer, Jörg Tawfkircher, die hat man der weiber wegen geschlagen (ausgeschlagen, ausgeschlossen), das sie nicht edl sein."[21] Das bedeutet offenbar, man war der Meinung, dass die Frauen des Torer[22] und des Taufkircher aus Familien stammten, die nicht ritterbürdig waren und daher auch die Ehemänner nicht turnierfähig seien.

---

19 Kurt Bauch, Das mittelalterliche Grabbild, Verlag de Gruyter, Oldenburg 1976

20 Heide Stamm, Das Turnierbuch des Ludwig von Eyb, Akademischer Verlag, Stuttgart 1986

21 Ludwig Albert Freiherr von Gumppenberg, Die Gumppenberger auf turnieren, Würzburg 1862, S. 151

22 Die Torer haben sich vom 13. bis zum 15. Jahrhundert immer wieder an Turnieren beteiligt, s. Heide Stamm, o a O.

Im Urbar des Klosters Tegernsee von 1289, das die Höfe des Konventes und ihre jährlichen Abgabepflichten auflistet, heißt es: „mater taufkirchorum tenetur de area XXIIII denarios" also „die Mutter der Taufkircher zahlt für ihren Hof 24 Dinare ". Der Hof erscheint in der Liste im Anschluss an die Anwesen in Oberhaching, woraus die Historikerin Gertrud Diepolder schließt, dass die betroffene „area" ebenfalls dort gelegen hat. Da die Dame jedoch „Mutter der Taufkircher" genannt wird, muss diese Familie schon zuvor in Taufkirchen besitzmäßig verankert gewesen sein. Die angesprochene Frau könnte Großmutter des Hilprant[23] gewesen sein. Leider gibt es zu ihr keine Lebensdaten.

Hilprant, nach dem in Taufkirchen ein Gebäude und eine Straße benannt wurde, hat 1330 geheiratet und ist im Jahr 1381 gestorben. Wenn er bei der Hochzeit etwa 20 Jahre alt war, ist er ungefähr 1310 geboren. Von da an kann man die Familiengeschichte der Taufkircher lückenlos nacherzählen.

Abb.: Hilprant Taufkircher

Hilprants Braut war Mechthild von und zu Weichs. Sie stammte aus einem alten Hochadelsgeschlecht, das in dem Ort Weichs im Dachauer Land seinen Stammsitz hatte und lange das Amt des „Erbkämmerers" beim Bischof in Freising versah. Für 1337 ist

---

23 Bitte beachten: In den Dokumenten tritt Hilprant in den unterschiedlichsten Schreibweisen auf.

überliefert, dass das Taufkirchener Ehepaar einen Hof in Ebrach bei Grafing verkaufte.[24]

Welche Situation bestand, als Hilprant die Herrschaft antrat? Die Struktur im Bereich Taufkirchen mit Westerham war außergewöhnlich: Der Besitz lag in wenigen Händen! Die Vermutung ist, dass um 1000 das Doppeldorf noch aus einem einzigen „Ökonomiebetrieb", dem Sedelhof (s. unten), bestand. Er hatte die Größe der späteren Hofmark Taufkirchen-Westerham (rund 150 ha).

Bis 1300 waren aber fünf Anwesen an kirchliche Einrichtungen gegeben worden: Bachmühle, Markl und Kanzler an das Stift St. Veit in Weihenstephan, der Limmer an das Kloster Tegernsee und der Saxhuber an Schäftlarn. (Als Ausgleich für Flächenverluste gelang es den Taufkirchern im Laufe der Zeit in anderen Dörfern Grundbesitz zu erwerben.)

Abb.: Der Marklhof 2016

In späteren Zeiten nimmt die Vielgestaltigkeit ein wenig zu durch die Bildung von Kleinanwesen. Gertrud Diepolder schreibt: „Die Ansiedlung solcher >armen Leute< geschah im ganzen Münchner Umland mit Duldung und Förderung des Landesherrn vor allem im 16. Jahrhundert."[25] Aber um 1808, bei der Auflösung der Hofmark, gibt es hier im Vergleich zu den anderen Dörfern Hachings noch immer eine sehr viel geringe Zahl von Eigentümern.

---

24 Monumenta Boica (MB), Bd. 2, S. 70
25 Lebendige Heimat Oberhaching, S. 302

Die Familie der Taufkircher hatte im zentralen Schlossanger ihren „Sitz", ihr Schloss oder Burg[26]: ein Gebäude in Holzkonstruktion.[27] Später wurde ein „Pflegerhaus" angefügt. (Leider wurde bei der Bebauung des Schlossangers im 20. Jahrhundert versäumt, nach den Grundmauern dieser Gebäude zu fahnden, so dass ihre Lage nur vermutet werden kann.)

Den Grundstock zur Versorgung der Familie diente der Sedelhof.[28] Der Wirtschaftshof lag östlich des Hofanger jenseits der Dorfstraße. Die Taufkircher hatten ihn offenbar vom Kloster Tegernsee zu Lehen bekommen, denn in einem Urbar (Abgabenbuch) von 1454 heißt es, dass die Abtei zwei Drittel des Kirchenzehent vom Hof bezog. Im gleichen Abgabenbuch heißt es, dass der Hof inzwischen geteilt worden war[29]. Während für den Ursprungshof der Name blieb, sich jedoch von Sedlhof zu Schredlhof „verwischte", nannte man den zweiten Hof ab etwa 1540 Köglhof nach Anthre Kögl, der ihn damals für die Ortsadeligen bewirtschaftete. Der Köglbauer kümmerte sich zusätzlich um den „Hofbau", die Gründe des Hofmarksherrn. Das waren wohl im Wesentlichen der Schloss-, der Hof- und der Ölanger (s. unten).

Die beiden Sedlhöfe zahlten 12 Pf Pfg (1 Pfund Pfennige = 1 Gulden[30]) „Poden zins" und müssen je 100 Eier, 6 Hühner, 6 Gänse und 16 bzw 14 Scheffel Getreide abgeben. Aber sie hatten zahlreiche zusätzliche Bürden: Fuhrwerksfahrten nach München, Sauerlach und zum Hofoldinger Forst, Felder einzäunen, wässern und für die Adelsfamilie bebauen, davon 5 Äcker mit Flachs usw..

Zur Zeit von Hilprant gab es in Taufkirchen eine Schranne, ein dörfliches Gericht, an der ein Richter im Namen der Grafschaft Wolfratshausen Recht sprach. So entscheidet 1368 Hainrich Newfarer, Richter zu Wolfratshausen, in einem Streit um einen Bauernhof. „Hylprant Taefchircher" ist dabei einer der „Rechtsbeisitzer".[31]

Hilprant tritt bei zahlreichen Beurkundungen als „Siegler" auf, wobei er bereits das „Löwensiegel" benutzt, über dessen Entstehung die Dokumente schweigen.[32] Hier zwei

---

26 Apian schreibt in seiner Topographie von Bayern: „Taufkirchen, ein Dorf, eine Kirche und eine Burg", HH, S.403

27 In einem Verzeichnis von 1567 heißt es: Tauffkirchen das Dorff unnd ein erzimerte Behausung auch das Dörffl Westerhaim darbey ain Hoffmarch. HH, S. 402

28 Der Besitzer eines, in die Landtafel eingetragenen, gefreyten Sedels hatte aufgrund der „Ottonischen Handfeste" von 1311 >so weit der Dachtropfen ging<, die Gerichtsbarkeit, war den Scharwerken nicht unterworfen und zahlte keine andere als die sogenannte Rittersteuer. Vgl. Johann A. Schmeller, Bayerisches Wörterbuch, Band 2, Spalte 224

29 Bayerisches Hauptstaatsarchiv (im Folgenden: HA), KL Tegernsee Nr. 9, hier heißt es: „Man hat jetzund zwen Höf daraus gemacht."

30 Als grober Anhaltspunkt zur Umrechnung wird vorgeschlagen: 1 Gulden (fl) = 200 €.

31 HA, Tegernsee, KU 170

32 In Reinhard Riepls Wörterbuch zur Familien und Heimatforschung heißt es unter „Siegelmäßigkeit /-recht": „Das Recht der S.

Beispiele für Verbriefungen durch Hilprant mit dem „Haussiegel": 1366 verkaufte Frau Hailweick, die Wildegkerin, und ihr Sohn Hans eine Hube mit Zehentrecht zu Sauerlach: Siegler Hilprant der Taufkircher. Um 1370 bestätigte Hilprant dem Propst Vlrich und dem Konvent von Schäftlarn die Rückzahlung eines Kredites von 18 Pfund Pfenninge.[33]

Über das Wappen der Taufkircher gibt es zahlreiche historische Beschreibungen. Bei Johann Siebmachers - er hat 1605 das Standardwerk der Wappenkunde herausgegeben – heißt es: „Ein oberhalber goldener Löwe, der sich ein silbernes Schwert durch Rachen und Hinterkopf bohrt." Im Familienstammbuch der Taufkircher steht lapidar: „halber Löwe, sich mit einem Schwert durch das Maul und Kopf stechend". In der amtlichen Blasionierung (Beschreibung), die der Einführung des Wappens als Gemeindeemblem 1957 zugrunde liegt, ist erläutert, dass sich der Löwe das Schwert in den Rachen stößt.

Abb.: Das Gemeindewappen

In den letzten Jahrzehnten ist die Idee aufgekommen (und wird schon Kindern in der Grundschule beigebracht) der Löwe habe sich nicht selbst verwundet, sondern das Schwert neben seinem Kopf nur zum Schlag erhoben. Die zitierten und weitere Beschreibungen des Wappens geben dafür keine Anhaltspunkte. Laut Handbuch der Heraldik gilt im Übrigen der „Grundsatz, dass ein Wappen allein durch seine Beschreibung und nicht durch eine bestimmte zeichnerische Darstellung festgelegt wird."[34] Der stilisierte Löwe mit dem Schwert im Kopf kann möglicherweise an eine

---

bedeutet in Bayern nicht nur das Recht, ein eigenes Siegel und Wappen zu führen, sondern darüber hinaus auch das Vorrecht, öffentl. Urkunden auszustellen ..." Hilprant hatte also bereits Wappen und Siegel!

33 HA, Klosterurkunden Schäftlarn KU 212, zit. nach HH S. 59
34 Ludwig Biewer, Handbuch der Heraldik, bearbeitet für den Herolds-Ausschuss der Deutschen Wappenrolle, Nikol Verlag, Hamburg 2007

Begebenheit in der Familie oder an eine Sage erinnern.

Der Familie der Taufkircher, war es offenbar gelungen, im Münchner Raum ein beträchtliches Prestige zu erringen. Das Folgende ist dann sehr überraschend: 1359 wird Hilprant gezwungen zusammen mit seinem Sohn eine Urfehde zu schwören. Das bedeutet er war im Gefängnis eingesperrt – wie lange und weshalb ist nicht bekannt, vielleicht wurde er Opfer einer Adelsintrige. Damit der Vater freikommt, müssen sich Hilprant und Sohn Conrad feierlich verpflichten, auf Rache zu verzichten.

Hilprant hatte die Brüder Otto und Ulrich sowie die Schwestern Adlheit, Margaretha und Agnes. Margaretha heiratete 1346 Weichnand von Sachsenheim, Agnes den Conrad Türndl; dieser war kurfürstlicher Landrichter auf Burg Kling im Bezirk Rosenheim.

Die Schwester Adlheit war wohl zuerst mit Marquart Eglinger[35] dann mit Ulrich Griwthaimer verheiratet.

Als sie 1349 kinderlos verwitwete, formulierte sie aus ihrem offensichtlich großen Vermögen mehrere Vermächtnisse: Neben großzügigen wohltätigen Stiftungen vererbt sie den namentlich nicht bekannten Kindern ihres verstorbenen Bruders Ulrich ihren Hof in Baldham. Drei Nachkommen ihres Bruders Hilprant versprach sie den Brunnenhof in Pötting, der ihr offenbar als Lehen gehörte.

Zu Ulrich schweigen im Übrigen die Dokumente. Der Bruder Otto begründete zusammen mit seiner Ehefrau Dorothea von Morolting eine nur drei Generationen überdauernde Taufkirchner Seitenlinie. Aus einer frommen Stiftung im Jahr 1465 geht indirekt hervor, dass Otto zu seiner Zeit die Zaunmühle und den „Ölanger" in Westerham besessen und daraus Öl für das ewige Licht in der Kirche St. Johannes gestiftet hatte.[36]

Otto Taufkircher und seiner Frau Dorithea erwuchsen drei Kinder. Gertraud wurde mit Herrn Ergshauser von Ergshausen (aus Ergeshausen im heutigen Rheinland-Pfalz?) verheiratet.

Der Sohn Gebhard war 21 Jahre lang Abt des Klosters Tegernsee. Über den zweiten Sohn gibt es in den Dokumenten das folgenden Zeugnis: „Heinrich Otto der jung Taufkircher an der Schrannen zu Taufkhürch bei dem Richter zu Wolfratshausen neben Hans u. Ulrich den Hechenkhürchern gesessen 1377" - also wohl als beisitzender Richter."[37] Laut dem Wappenbuch oder Stammbuch der Familie soll auch das Kloster Ebersberg ab 1343 ein Jahrzehnt lang von einem Taufkircher geleitet worden sein.

---

35 Aus Egling südlich Deining?

36 HH, S. 268

37 Wiguleus Hund, Bayrisch Stammenbuch III, Nachdruck Neustadt/Aisch 1999

Nachdem 1248 die Grafschaft Wolfratshausen an die Wittelsbacher gefallen war, hatten diese anstelle des Grafengerichtes in Wolfratshausen ein Pfleg- oder Landgericht eingerichtet. Die Schranne in Taufkirchen, das dörfliche Gericht, „Filiale" des Landgerichts Wolfratshausen, ist schon 1368 bezeugt.[38] 1442 ist ein Dorfgericht für Taufkirchen und Westerham daraus hervorgegangen.

Aus dem Bestand der Familie hat sich im Hauptstaatsarchiv in München ein einziges Dokument erhalten: das Wappenbuch[39]. Herr Hans Heinrich Taufkircher beauftragte den Aiblinger Kunstmaler Steffan Ebersberger das Buch zusammenzustellen. Es ist in den Jahren 1593-1600 entstanden. Es enthält neben einer Art Familienchronik Darstellungen des Familienstammbaums, der Wappen der Taufkircher und ihrer Ehefrauen und eine Vogelschau über das Herzstück der Hofmark Höhenrain, dem späteren Sitz der Taufkircher.

Die Wappenzeichnungen sind liebevoll gestaltet. Die Familienzusammenhänge sind aber fast nur für die lebenden Mitglieder zutreffend wiedergegeben, ansonsten lückenhaft. Im Wappenbuch ist in einer Zeichnung die Kirche St. Johannes etwas verzerrt wiedergegeben, da der Maler die Perspektive offenbar nur ansatzweise beherrschte.

---

38 Ludwig Holzfurtner, Historischer Atlas Bayern, Landgericht Wolfratshausen

39 HA, Personenselect Carton 443

Abb.: Die Kirche St. Johannes der Täufer im Jahr 1593

Die hiesige Adelsfamilie war eng mit der Kirche St. Johannes verbunden. Über Bauweise und Aussehen der Ortskirche, die 1052 in der Hand des Stiftes St. Veit lag, wissen wir nichts. Wahrscheinlich handelte es sich um eine Holzkonstruktion.

In der Denkmalliste des Bay. Landesamtes für Denkmalpflege (LfD) heißt es zur Entstehung des steinernen Bauwerkes: „Kath. Pfarrkirche St. Johann Baptist, romanischer Chorturm mit Rundbogenblenden und Zahnschnitt [-Verzierungen] des 13.Jahrhunderts ..." Der Bausachverständige Dr.-Ing. Thomas Aumüller vom LfD hat das Gebäude zuletzt 2016 untersucht und dabei festgestellt, dass Turm und Langhaus gleichzeitig als ein Baukörper errichtet wurden. Möglicherweise lag der Baubeginn aber schon im 12. Jahrhundert. Das Kirchenschiff war aber wohl zunächst kürzer. Es wurde in einem zweiten Bauabschnitt 1333 (etwa in der Zeit als Hilprant die „Regierungsgeschäfte" übernahm) nach Westen hin verlängert und bei der Gelegenheit mit einem neuen, einheitlichen Dach versehen, dessen Balken in jenem Jahr geschlagen worden waren. Letzteres konnte man mittels Dendrochronologie (Vergleich der Jahresringe des Holzes) feststellen.

Wie gesagt, Taufkirchen war Filiale der Großpfarrei Oberhaching. Und von dort aus musste der Pfarrherr die kirchlichen Dienste für Taufkirchen und die umgebenden Weiler (von Pötting bis Winning) organisieren, die kein eigenes Gotteshaus besaßen.

Hilprants zweiter Sohn Conrad machte Karriere: er wurde für fünf Jahre zum Richter der Stadt München berufen.[40] Im Jahr 1319 war angesichts früherer Vetternwirtschaft festgelegt worden, dass sie von außerhalb kommen mussten: ein Vertreter des oberbayerische Landadels stellte nun jeweils den Stadtrichter. Sie hatten eine privilegierte Stellung. Als Zeichen ihrer Blutgerichtsgewalt (unter dem Herzog, zu dem sie sicher fast unmittelbaren Zugang hatten) trug ihnen beim Gang durch die Stadt ein Knabe ein Schwert voraus. Sie nahmen ihre reichlichen Gebühren steuerfrei ein, verfügten über eine Dienstwohnung und vier Knechte.[41] Diese Gerichtsknechte waren gleichzeitig auch die Henker. Außerdem hatten sie Einnahmen aus Spielhöllen und Bordellen.

Conrad brachte das Geld dafür auf, dass für den Vater Hilprant nach seinem Ableben eine aufwendige Beerdigungsstätte errichtet wurde. Sie bestand aus einem steinernen Sarkophag, den an der Oberseite ein Abbild Hilprants in Ritterrüstung zierte. Das Grabmal wurde in einem Eck zwischen Turm und Langhaus der Ortskirche angebaut und mit einem Holzdach geschützt. Außerdem zierten mehrere Bildwerke die Erinnerungsstätte.

Conrad stiftete dazu noch eine Wochenmesse. Danach musste an jedem Montag für „den lieben Herrn Herrn (!) Hilprant des Taufkirchers selig, dem Gott genedig sey," ein Gebet (Placebo) am Grab gesprochen und eine Messe gelesen werden.

Für keinen der Nachfolger wurde später ein solcher Aufwand getrieben. Die Bedeutung der Familie der Taufkircher wurde jedenfalls wirkungsvoll unterstrichen. 1430 gelang es ihr dann Mitglied in der Standesvertretung, der „Landschaft", zu werden.[42]

Hilprant gibt seinem ersten Sohn wieder den Namen Hilprant. Dieser tritt in den Dokumenten kaum in Erscheinung. Bekannt ist nur: Er heiratete 1364 Maria Kemmater von Kemmat zu Tandern bei Dachau. Hilprant II hatte die Schwestern Elsbet und Anna. Die drei Geschwister – Conrad geht leer aus - sind von ihrer Tante Adlheit als Erben bestimmt für den Brunnhof im Weiler Pötting.[43]

Nachfolger des Hilprant II als Familienoberhaupt war sein Sohn Heinrich Otto II. Er wurde Hofmeister des Bischofs Albrecht III in Regensburg und Pfleger in Autting an der Laber. Ein Pfleger ist zuständig für Militär, Polizei, Verwaltung und ist „Leiter des Gerichts" (van Dülmen). Seinen Dienstherrn Albrecht lobte man für seine sparsame Hofhaltung.

---

40 München hatte damals erst etwa 12.000 Einwohner

41 Roswitha von Bary, Herzogsdienst und Bürgerfreiheit, Hugendubel Verlag, München, 1997

42 Heinz Lieberich, Materialien zur Bay. Landesgeschichte, Band 7, Die Bay. Landstände, S. 34 u. 69

43 MB Bd. 19, S. 523, HH, S. 290

Heinrich Otto heiratete Clara Auer von Prennberg, eine gute Partie: Sie besaß zwei Häuser in München (eines an prominenter Stelle: neben „Riedlers Seelhaus" >Beginenheim<, heute Teil der Residenz) und brachte 500 Gulden Heiratsgut in die Ehe ein.

Der Bruder von Heinrich Otto, Hiltbrand, wurde Domherr in Freising und stieg ins Domkapitel auf. Die Brüder hatten gemeinsam „in die Dombkirchen ainen Jahrtag gestüpht mit ainer Vigil[44] und Sellambt ... darfür geben den Püchelhoph zu Pozhaimb", den sie von Tegernsee zu Lehen hatten.[45]

Heinrich Ottos Frau, Clara Auer, gebar acht Kinder: Die Söhne Georg und Hans und die Töchter Barbara, Katharina, Magdalena, Ursula, Apollonia und Clara. Georg und Hans werden in den Dokumenten meist zusammen genannt. Sie leiteten wohl gemeinsam die „Familiengeschäfte". Die Mutter Clara musste 1421 über einen Skandal berichten, nämlich „dass ihr Sohn Georg Taufkircher [den] N. Sedlshausen und dessen Knecht nächtlicher Zeit aus dem Haus heraus gestosen und beide töttlich verwundet habe, worüber ihr Sohn in die bürgerliche Gestauchhaus[46] kommen und noch darin liege."[47] Einzelheiten sind nicht bekannt.

Georg Taufkircher stiftete 1426 für sich und seine Geschwister und unter der Zeugenschaft des adeligen Oberhachinger Pfarrherrn Syman (Simon) und von zwei Kirchpröbsten ein Benefizium[48]. Die Geschwister stellten dafür Einkünfte aus ihren Höfen unbefristet zur Verfügung. Ihre Mutter Clara fügte Einnahmen aus ihren beiden Häusern in der Schwabinger und der Sendlinger Gasse in München hinzu. Mit dem Geld wurde ein „Bauernsachl" angeschafft und laufend ein Caplan oder „Frühmesser" bezahlt. Der Geistliche hatte die Aufgabe, sechs Mal in der Woche die Messe zu lesen. Andere (einnahmeträchtige) kirchliche Verrichtungen waren ihm nicht erlaubt. Georg und Hans besaßen in München ein Haus in der Dienerstraße Nr. 6; sie zahlten hierfür im Jahr 1428 zwei rheinische Gulden „Grundsteuer".[49]

Georg wurde (trotz Vorstrafe!) zum Klosterrichter in Tegernsee berufen. Er übte dieses einflussreiche Amt von 1431 bis 1466 fünfunddreißig Jahre lang aus. In dieser Zeit gelang es wohl für Taufkirchen mit Westerham ein Dorfgericht unabhängig vom Landgericht in Wolfratshausen zu installieren. Die Taufkircher durften in diesem Niedergericht Strafen bis zu 72 Pfennige über ihre Untertanen verhängen.[50] In einem

---

44 Vigil = Abendmesse

45 Johann Prey, Sammlung zur Genealogie des bayerischen Adels, Freising 1741, Bild 239

46 Gestauchhaus = Gefängnis ?

47 Johann Prey, s. oben, Bild 241

48 HH, S. 692

49 Helmuth Stahleder/Stadtarchiv München (Hg.), Ältestes Häuserbuch der Stadt München, Verlag Ph. Schmidt, Neustadt/Aich 2006, Bd II, 2006, S. 494, 1 fl rh. = 60 Kr rh. = 180 Pfg

50 1200 Jahre Perlach, S. 244

herzoglichen Verzeichnis der Gerichte von 1442 steht: „Die Taufkircher haben ein Dorfgericht ... darinn lassen sy den Ambtman [des Landgerichts] nichts handeln ausgenommen die drey Sach die an den Leib gern ..." Das bedeutet, dass bei Schwerverbrechen (Mord, Raub, Vergewaltigung) weiterhin das Landgericht oder direkt der Herzog zuständig sind. Die Taufkircher regieren also jetzt in Taufkirchen und Westerham weitgehend souverän und „dem Landgerichtspersonal [ist] jeder Eingriff in [ihren] Immunitätsbereich verwehrt."

Dies sind Beispiele aus Tegernsee, weshalb ein Dorfgericht tätig wurde: da einer „den Plüglein mit ainem trucken straich [ohne Blutaustritt] geslachen hat", weil ein Anderer „ain fliessenden wunden mit einer hawen [irdener Topf] geslachen" oder weil einer „an sannd Joanns gotztauffers tag sambt den seinen im hew gearbait hat."[51]

Das Dorfgericht bestand offenbar bis zur Aufstufung zur Hofmark im Jahr 1544. Für Vergehen mit Strafen über 72 Pfenningen und die Schwerverbrechen war die Schranne in Perlach (im Amt Perlach des Landgerichts Wolfratshausen) zuständig.

Gegen Ende seines Lebens, 1465, ergänzte der Klosterrichter Georg Taufkircher die o. g. Stiftung. Er lässt es sich jährlich ein halbes Pfund Münchner Pfennige, 2 Gänse, 6 Hühner und 100 Eier aus der Landwirtschaft der Zaunmühle in Westerham kosten. Außerdem bestimmt er: „Weiterhin soll jeder Müller jährlich 12 Pfund Öl zum ewigen Licht für das Gotteshaus Taufkirchen geben." Dafür müssen „Der Pfarrer und der Gesell [Hilfspriester, Kooperator] am weißen Sonntagabend ein Vigil und am Montag der Pfarrer ein Seelamt singen und sein gesell ein Seelmess [für die Taufkircher] sprechen".[52]

Der älteste Sohn des Georg, der „vest und weise" Hans II, heiratete Margarete Prandt von Haselbach bei Aibling. 1483 ist „Hanns Daufkircher" Mitsiegler einer Klosterurkunde aus Schliersee.[53] 1492 streiten „Hanns Taefkircher zu Taefkirchen" zusammen mit dem Abt Quirin von Tegernsee gegen das Kapitel des St. Andreas-Stiftes in Freising, das seit 1356 Pfarrherr der Gesamtgemeinde Haching war, um „einen Kasten, Schupfen, Ställe, Stadel ... zu Kirchstockach" - mit unbekanntem Ausgang.[54]

Hans hatte mit seiner Frau Margarete drei Kinder: Hans Heinrich (der spätere Senior des Hauses), Hans III und Anna. Von Hans Heinrich wird berichtet, dass er „aus frommen Stücken" im heiligen Jahr 1500 zu Fuß nach Rom pilgerte. 1505 siegelte er als Lehensherr die Urkunde über den Verkauf des Anteils einer Hube in Pötting durch Agnes, der Frau des Peter Pritls von Pergham. Später ist er wiederum Siegler als nochmals Hubenanteile in Pötting verkauft werden durch Agnes, Paulsens Witwe aus

---

51 Maria R. Sagstetter, Hoch und Niedergerichtsbarkeit [...], C. H. Beck München 2000, S. 382 ff.

52 HH, S. 268

53 Klosterurkunde Schliersee zit. aus Nachlass Hobmair.

54 Klosterurkunden Tegernsee KU1239

Petting und durch W. Stumpf u. Andere.[55]

Hans Heinrichs Ehefrau Veronika gebar drei Söhne und zwei Töchter. Von den Söhnen starb Otto bereits im Kindesalter. Sein Bruder Hans Otto war Hofjunker bei Herzog Ludwig X (dieser regierte 1516-1545 neben seinem Bruder Wilhelm IV), bevor auch sein Leben vorzeitig endete.

Der Vater Hans Heinrich starb 1524 als der einzig lebende Sohn Georg II erst 15 Jahre alt war. Georg ist damals als Edelknabe am Herzogshof in München gewesen. Sein Herr, Herzog Wilhelm IV (1508-1550), zeigte Interesse am fischreichen Hachinger Bach. Dem konnte die Witwe nichts entgegensetzen und so sagen die Dokumente: „Sigmund Hintzenauer zum Train, Pfleger zu Mainburg, als weiland Heinrichen Taufkircher zu Taufkirchen verlassene Kinder mit Namen Jörgn, Hansen, Apolonia, Margarethe und Veronika zuverordneter Vormund und die Witwe Veronika [verkaufen] den Hachinger Bach mitsamt dem Hofanger... an Herzog Wilhelm IV um 315 fl."[56]

Georg (1509-1580) entwickelte sich zu einer herausragenden Persönlichkeit. Er war mit 11 Jahre an den Münchner Hof gekommen, wo man ihn zum Edelknaben erzog „etlich Jar". Im Wappenbuch der Familie wird dann aufgezählt: „volgend dero [des Herzogs] Hofjunkher mit den Pferten auch etlich Jar, als 19 Jar lang embsig gedient, unnder dessen 2 unnderschiedlich KheizZüg ausser vaterlannds Bayern, underschidlichen fremden orthen und Nationen, Erstens Anno 1528 des türggischen Khaisers Selim belagerung vor der Haubstat Wienn in österreich wegen Bairischem Craiß sambt anndern Adelsstands Persohnen zu Roß ... anndern Zug Anno 1530 ... Belagerung zu Piemandt vor frlt. Stad Nissa ... " Georg wurde also nach seiner Pagenzeit „Hofjunkher mit den Pferten", das heißt wohl, dass er für die wichtigen Pferdestallungen die Verantwortung trug. Danach beteiligte er sich im Rahmen eines Kontingentes des bayrischen Militärkreises (Militärbezirks) an zwei Feldzügen bei Wien und Nizza.

Georg ist unversehrt zurückgekommen. Er machte Karriere als Hofrat (Mitglied der obersten Justizbehörde), dann Hofkammerrat (Finanzverwaltung) und wurde 1569 „zum Geistlichen Rat verordnet". Das bedeutet, dass Georg für würdig befunden wurde, beim Aufbau dieser herzoglichen „Behörde für alle gegenreformatorischen Maßnahmen"[57] mitzuwirken.

1537 hatte Georg Taufkircher Brigitte Wager von Höhenkirchen geheiratet. Im Wappenbuch wird hervorgehoben, dass Brigitte eine Goldkette, „60 Rheinisch goltgulden wigent" mit in die Ehe brachte. Ihr Vater, Hans Wager II ist - wie sein Vater und sein Sohn - herzoglicher Jägermeister gewesen und damit Herr über die großen Waldungen

---

55 HA, Gerichtsurkunden Wolfratshausen, zit. aus Nachlass Hobmair
56 HA, Kurbayern Nr. 17419
57 Walter Goetz, Albrecht V. in Neue Deutsche Biographie, Bd. 1, Berlin 1953

östlich des Hachinger Tales[58].

Existenzgrundlage der adeligen Taufkircher waren die Einnahmen aus ihren Bauernhöfen.

Die Steuererhebung erfolgte zwischen dem 12. und dem 19. Jahrhundert in Bayern nach dem „Hoffuß", bei dem die Höfe nach Größe differenziert wurden etwa zwischen dem großen oder ganzen Hof (1/1-Hof) und dem „Taglöhnersachl" (1/32-Hof).

Die Landwirte hatten die „Gilt oder Gült" zu zahlen: im 16. Jahrhundert für den ganzen Hof 12 Pfg, für die Hube 6 und das Lehen 3 Pfg. Dazu kam die „Stift", die für den ganzen Hof meist aus der Ablieferung von 1 Gans, 4 Hühnern, 100 Eiern bestand und bei den kleineren Höfen entsprechend niedriger ausfiel.

Dazu kam regelmäßig der Getreidezehent, das Laudemium (Abgabe bei Hofübernahme = 5 % des Schätzwertes), die Kirchtracht (Brotlieferung) und die verschiedenen Scharwerkspflichten, unter Umständen dazu der „kleine Zehent" (Gemüse), der Haarzehent (Hanf), der „Blutzehent" (Küken, Lämmer), der Weinlohn, die Vogteigilt (Abgabe an einen Klostervogt). Der Herzog verlangte noch die „Maisteuer" und die „Herbststeuer". Auch mussten Gebühren für die kirchlichen Verrichtungen zu Taufen, Hochzeiten, „Seelgerät" usw. aufgebracht werden.

Hofmark Taufkirchen

1544 geht die Zeit der Taufkircher in Taufkirchen zu Ende. Der junge Georg Taufkircher entspricht dem Wunsch seines Herrn, dem Herzog Wilhelm IV, und übergibt ihm sein Besitztum. Er erwähnt, dass sein gnädiger Herr den Gerichtsbezirk zur Hofmark aufgestuft hat.[59] Im Tauschwege erhält der Taufkircher die Hofmark Höhenrain: kein schlechter Tausch, verfügt Höhenrain doch über 80 Höfe, während die Adelsfamilie zuvor nur über sehr viel weniger Besitz gebot!

---

58 Hans Stingl (Hg.), Höhenkirchen, Chronik eines Dorfes, Gem. Höhenkirchen- Siegertsbrunn 2002

59 Salbuech vmb Taufkirchen vnd Westerhaim, HA, Kurbayern Urk. 24516

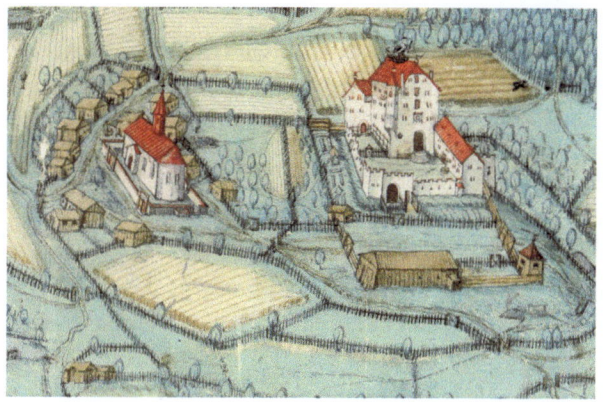

Abb.: Steffan Ebersberger, Kirche und Schloss Großhöhenrain um 1600

Es gibt keine Nachrichten darüber, wie die Taufkircher ihre Untertanen behandelt haben. Als die Familie in Großhöhenrain residierte, lüftete sich der Schleier ein einziges Mal: Der Reichtum der Familie war damals sehr geschrumpft. Und die Untertanen wurden unzufrieden; der Kooperator Johann Hartmann im nahen Kirchdorf - St. Michael in Höhenrain (s. unten) gehörte als Filiale zu jener Pfarrei - hielt es für angebracht, die Herrschaft von der Kanzel herab zu kritisieren. Der Hofmarksherr Hans Heinrich, der Sohn des Georg II, wehrte sich energisch gegen die Attacke. Er meldete empört, Hartmann habe in einer Predigt gesagt: „Sy, die von Adl, wären Schindfincher [Gewalttäter] und paurnschinder. Sy seien die Kirchenräuber und Gozdib." Hartmann hätte „unverschamt fürgeben dörfen, die Steyr, so man Türkkhenhilf nenne [eine Reichskriegssteuer], werde an schön leben, Hoffarth, essen und Trinkhen verwendet." Hartmann wurde vor das Geistliche Gericht in Freising zitiert, musste widerrufen und wurde strafversetzt.

Abb.: Barhäuptige Bauern liefern ihre Abgaben an den Grundherrn ab. Holzschnitt aus dem 15. Jh.

Die Taufkircher beherrschten die neue Hofmark bis 1621. Dann verkauft man den überschuldeten Schloss- und Grundbesitz. Die letzten Vertreter der Familie, drei

Vettern, zogen als Offiziere in den Dreißigjährigen Krieg und kamen nicht zurück.[60] Das Gebiet ging durch viele Hände und gehört heute zur Gemeinde Feldkirchen-Westerham.

Doch zurück nach Taufkirchen: Georg stellt in einem „Saalbuch", ein ausführliches Verzeichnis seiner Höfe in und außerhalb von Taufkirchen und Westerham mit allen Abgaben auf. Es ergibt einen seltenen Einblick in die Besitz- und Sozialverhältnisse.

Es heißt: „Dem Leonhart Loder, Hauspfleger, ist der Sitz von Jar zu Jarn verlassen [überlassen], gibt kain Gült, ist Hoffmarchs ambtman vnnd über das Wessern gestellt. Er soll auch den anger vnnd paumgarten versehen, hat in ain veld 1 Juch[61] ackers Hen vnnd annder vih."

Unmittelbar bei der Kirche liegt der Schlossanger (ein Obstgarten) und darin der „Sitz", das Herrenhaus. Das Gebäude wird von Phillip Apian 1585 in seiner Topographie von Bayern als „arx" (Burg/Schloss) bezeichnet. (Im Saalbuch von 1555 ist neben dem „Herrn Haus" zusätzlich vom „Pflegershaus" die Rede.)[62]

Zu den Aufgaben des Amtmanns gehörte wohl das Richteramt im Dorfgericht, die Aufsicht über den wichtigen Hachinger Bach, als Hauspfleger der Unterhalt des Sitz und des „paumgarten" dazu der Betrieb einer kleinen Landwirtschaft. Es heißt noch im Saalbuch: „Den pach hab Ich [der Hofmarksherr] auffzukern [aufzustauen] vnd Wessern all Sambstag zu Versper Zeit bis an den Sundtag zu Vesper Zeit vnnd denselben den Inwonern der Hoffmarch vnnd meinen Hintersassen gelihen." Die Bewohner der Hofmark dürfen also kostenfrei Wasser zur Bewässerung aus dem Hachinger Bach (oder dem Entenbach) entnehmen, während beispielsweise der Angermüller in Winning wegen der Bewässerung der Wiesen im Sommer „Wassergeld" zahlen muss.

Der Hachinger Bach hatte natürlich auch für die Trinkwasserversorgung von Mensch und Tier eine große Bedeutung. Auch als Fischwasser war er erträgnich. 1525 hatte deshalb der Herzog den Bach außerhalb der Hofmark bereits den Taufkirchern abgekauft und eine Wasserordnung, ein frühes Wassergesetz, erlassen, um die einzelnen Nutzungen zu regeln.

Den Taufkirchern gehörten die Zaunmühle (urkundlich 1465), die Mangmühle (urkundlich 1544) und die Sixtmühle (urkundlich 1544). Die Kottmühle hatten sie 1426 neben anderen Höfen großzügig gestiftet, um an der Ortskirche für den dauernden Unterhalt eines Frühmessers (Hilfspfarrers) zu sorgen. Die bereits 1052 erwähnte Bachmühle gehörte zusammen mit zwei Nachbarhöfen bis zur Säkularisation

---

60 Dietrich Grund, Andreas Huber, Hilprant und die Familie der Taufkircher, Books on Demand, Norderstedt 2015
61 Juch = Juchert = 0,36 Hektar
62 HH, S. 502 und Anmerkung 1481

dem Stift St. Veit im Bereich des Bischofs in Freising.

Abb.: Der Hachinger Bach

Es klapperten also jahrhundertelang fünf Wassermühlen in Taufkirchen einschließlich Potzham und Westerham, dazu kam die Angermühle am Entenbacherl in Winning, die dem Kloster Tegernsee gehörte. Das ist die Mühle, die Abt Heinrich 1285 an Ulrich von Aschau verlehnte, die aber in dem Dokument ungenau Taufkirchen zugeordnet wird.[63]

In Taufkirchen gehört den Ortsherren außer dem Sitz und der Sixtmühle die beiden Sedlhöfe, der Wirt und ein Gütlein (Bauer ist Wolffgangg Renz). Ein anderes Gütlein (Viertelhof, Lehen) und das Mesnerhäusl zählen zum Vermögen der Ortskirche St. Johannes. Das Widem, der Hof des Benefiziaten, ist Teil einer Stiftung der Taufkircher aus dem 15. Jahrhundert. Es gibt in Taufkirchen außerdem 3 Sölden (Achtelhöfe) im Eigenbesitz von Kleinbauern und 3 Sölden im Eigentum von Bauern, aus deren Höfen sie wohl abgezweigt worden waren, die aber St. Veit als Obereigentümer haben.

In Westerham besitzen die Ortsadeligen außer der Zaunmühle, 3 Viertelhöfe und die Sölde, auf der der Dorfhirte wirtschaftet. Von den anderen 5 Anwesen gehören zwei dem Kloster Tegernsee und je eines der Kirche in Schäftlarn, der Ortskirche und dem Benefizium Unterhaching.

In Potzham zählen die Taufkircher zu ihrem Eigentum die Mangmühle, den großen Püchelhof, den ebenfalls große Hinterhof und zwei Lehen. Außerdem ihr eigen: ein Hof in Unterhaching (bewirtschaftet von Hanns Tumbergers Erben) und ein Häuslein im Wald bei Engelwarting. Zusammengefasst umfasst der Besitz der Taufkircher 17 Anwesen.

---

63 Die Mühlen werden erstmals erwähnt in MGH Dipl. Heinrich III/288, HH, S. 513, 557, 558, 692, HA Kurb. 18463

Die Hofmark verfügte im Bereich von Engelwarting und Bergham über mindestens 140 Tagwerk Wald, der großteils als Waldweide genutzt wurde. Die einheimischen Bauern hatten außerdem seit dem Mittelalter ganzjährig das Recht, im Grünwalder Forst (der damals auch den Deisenhofener und den Perlach Forst umfasste) ihr Vieh grasen zu lassen. Sie wurden aber 1614 einmal von der Obrigkeit verwarnt, weil sie unerlaubt Wildwuchs in einer Waldweide entfernt hatten.[64] (Es heißt erstaunlicherweise, dass noch um 1880 Bauernburschen aus Bergham ihre Zeit zusammen mit Pferden zur Nachtweide im Wald verbrachten).[65]

Die Dokumente besagen, dass im Herbst Bauern aus vielen Dörfern Schweine zur Eichelmast in den Grünwalder Forst trieben. Dazu gehörten auch neben Taufkirchen und Westerham auch die Nachbarorte Pötting, Winning und Bergham (nicht aber Potzham, dass wohl auch eigenen Wald besaß).

Bei der „Benutzungsgebühr" unterschied Jacob Tanner, Castner zu München im Jahr 1494, zwischen „kauf saw" und „zigl saw" (Zuchtsau). Taufkirchen musste z. B. für 18 Kaufsäue je 12 und für jede der 55 selbst gezogenen Schweine 5 Pfg bezahlen.[66]

Wichtig war in den Bauerndörfern auch eine Schmiede. Eine solche ist 1519[67] erwähnt.

Es heißt später, wenn die vergrößerte Hofmark etabliert ist[68]: „Die ehehafftschmidtn steht zu Perckhaim [am Entenbach], mues aber doch von der hoffmachsgemain underhalten werden." Formeller Obereigentümer ist bis 1812 die Ortskirche.

Abb.: Die Schmiede in Bergham

---

64 Wenk, S. 111

65 August Koch, Kulturbilder aus dem Hachinger Tale, München 1911, Nachdruck 1985, S. 55

66 HA, Herzogtum Bayern, Ämterrechnungen, Nr. 1113

67 HH, S. 559

68 Salbuech der hoffmarch Tauffkirchen (1592)

Die Taufkircher richteten vor 1544 eine Gastwirtschaft ein, die „Tavern". „Eine Taferne war ein mit Real- und Sonderrechten ausgestatteter Gasthof mit Speisungs-, Tränkungs- und Beherbergungspflicht im Gegensatz zur einfachen Schänke, auch Bierzäpflerei genannt."[69] Im Hachinger Tal bestanden zu der Zeit lediglich Tafernen in Taufkirchen und Unterhaching. 1592 darf der Wirt auch mit Vieh handeln. Er muss „Ungelt" (Umsatzsteuer) zahlen.

Abb.: Das Traditionsgasthaus, erwähnt 1544

Einen Bader bzw. Wundarzt gab es nicht, Mensch und Tier mussten sich früher bei Krankheit nach Unterhaching begeben. Folgende Arztrechnung ist überliefert: „Ich Endunterschriebener habe den Melchior Öttl, Paurn zu Winning, wegen verbrachten Schlögerei von Andre Clasen, auch Paurn zu Winning, 11 Tag alle Tag und 4 Tag, das er sich selbst zu- und verbunden, an einem Aug, an welchem er 8 Tag nichts gesehen, dann an einem Fues zwei Streiffen und auch meine Pflaster in die 14 Tage gebraucht, für welches mein verdientes Arztlohn 2 Gulden 20 Kreuzer. Attestiere solches mit dem Actum, Unterhaching den 1. Oktober anno 1724. Melchior Hainz, Bader und Wundarzt zu Undterhaching."[70] Erst um 1900 zog mit Peter Hörnig ein Bader nach Taufkirchen.

Von 1544 bis 1560 unterstand die Hofmark Taufkirchen und Westerham der herzoglichen Verwaltung. Dann überträgt Albrecht V (1550-1579) seinem Kanzler Dr. Simon Egckh (1514-1574, ein Stiefbruder von Johannes Egckh, dem Widerpart Martin Luthers) auf Lebenszeit das Doppeldorf. Dazu gehört „der gebrauch und die nuzung des

---

69 1200 Jahre Perlach, S. 385. Neben der Taferne wurden von den Grundherren (teils auch von Gemeinden) Mühlen, Schmieden und Dorfbäder als privilegierte, monopolartige „Ehaftbetriebe" eingerichtet.

70 HH, S. 206

Sizs und der Paumgärten, die Hofmarchs hänndl, Straffen und Wendl (alles Strafgelder)". Außerdem erhält Egckh eine Getreidezuteilung sowie „vier Fuder Hey, Holz die notturfft zum Pauen und Prennen und ain Ort an Vischwasser zu vischen".[71] Simon Egckh war, wie sein Stiefbruder, entschiedener Gegner des Protestantismus. Er trat ein für die Verbesserung der Staats- und der Kirchenorganisation sowie der Priesterausbildung.

Abb.: Herzog Albrecht V (Gemälde von Hans Mielich)

Zur Geschichte der Großpfarrei Oberhaching: 1580 wird die Pfründe gegen 10 Gulden Gebühr an Nicolaus Zellermayr übertragen. Er lebte eheähnlich mit seiner Hausfrau zusammen und hatte mit ihr 6 Kinder, von denen 3 Knaben auch Priester wurden. Zunächst geduldet, gingen die Landesbehörden auf Anweisung des Herzogs später gegen das Konkubinat vor. Zellermayr wurde mit Geldbuße, seine Frau mit Gefängnis und Ausweisung bestraft. Sie konnte im Pfarrhaus einer der Söhne Unterschlupf finden.

Bald häuften sich gegen den Pfarrer massive Beschwerden. So halte er wilde Saufgelage mit zwei Freunden und besuche verbotene Spielstuben. Auf dem Heimweg von einer Zechtour nach Taufkirchen packte er ein 7 bis 8-jähriges Kind und warf es in einen Brunnen, in dem es fast ertrunken wäre. Der Pfleger des Landgerichts in Wolfratshausen ermittelt gegen Zellermayr, so dass er 1614 zum Benefiziaten von Unterhaching „degradiert" wird. Dort wirkt er bis zu seinem Tod noch 2 Jahre und wird mit einer Gedenktafel aus edlem Marmor gewürdigt.[72]

---

71 Archiv des Erzbistums München & Freising, Johannes Wenk, Geschichtliche Notizen über die Pfarrei Taufkirchen bei München, Hohenbrunn 1943 (unveröffentlicht) (im Folgenden: „Wenk"), S. 83

72 HH, S. 128 ff

Abb.: Benefiziat Nicolaus Zellermayr (Epitaph in St. Korbinian, Unterhaching)

Im Jahr 1585 übergibt Herzog Wilhelm V (1579-1597) der Societas Jesu in Taufkirchen „ain Landguetl mit Traid und Küchendienst, Vischwasser und Vischzigl, auch im Fahl ir ainer oder mehr schwach würde, ein Ort, der ihnen sey zur Erhaltung irer Gesundheit und zur Veränderung des Lufts ..."[73]

1592 erhält der Jesuitenorden vom Herzog die ganze Hofmark. Ihr Umfang wird vom Landesherrn bedeutend erweitert, so dass nun alle Ortsteile dazugehören, die bis heute Taufkirchen ausmachen also Winning, Bergham, Potzham, Pötting und natürlich Westerham. Die Zahl der Höfe steigt von 17 einschließlich des auswärtigen Besitzes auf 71![74]

Im 19. Jahrhundert lagen die Zahlen der Einwohner pro Hof zwischen 5 und 6. Wenn man die Zahl der Bewohner je Hof im 16. Jahrhundert auf 5 schätzt (da die Dorfstruktur wohl damals auch ähnlich war), hatte die Hofmark ursprünglich 140 Einwohner, die sich durch die Erweiterung auf 325 erhöhten.

---

73 Wenk, S. 83

74 Salbuech der hoffmarch Tauffkirchen, HA, Jesuitica 2445 1/30

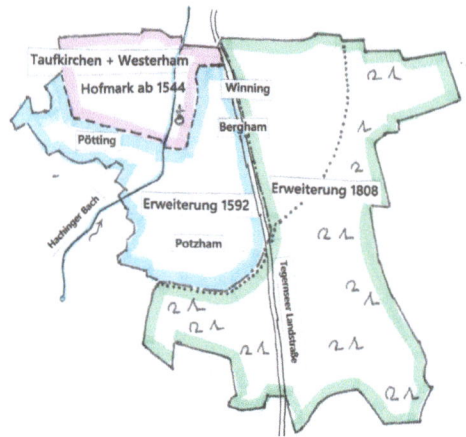

Abb.: Die Hofmark Taufkirchen

Die neuen Ortsteile hatten sich in etwa wie folgt entwickelt:

Pötting

Im Jahr 806 erstellte der Schreiber des Klosters Schäftlarn eine Urkunde, die aussagt, dass Petto, der Abt des Klosters diesem eine großzügige Schenkung macht. Petto ist gleichzeitig Bischof in Langres/Burgund gewesen. Er gehörte zu der einflussreichen, adeligen Gründerfamilie das Klosters. Das Geschlecht war versippt mit der im Frankenreich weitverzweigten Familie der Agilolfinger.

Aus dem Lateinischen übersetzt heißt es in der Urkunde: „Schenkung Bischof Pettos genommen aus Hachingen an das ehrwürdige Kloster des heiligen Dyonis, das erbaut ist im Fränkischen Königreich, im Bayerischen Herzogtum, ob dem Fluss, der Isura genannt wird ... Ich selbst, Petto, Bischof und Abt, schenke aus Gottesfurcht und um meiner Sünden und der ewigen Vergeltung willen ... mein Eigentum im Dorf, das Hachinga genannt wird und die Unfreien mit Namen Wenilo & Adelswind mit den Kindern Othelm, Adelhelm, Hleokelt, Gozlind & andere Unfreie Liuprat, Heribirk, Drutflat, Otmund mit Kindern auch was von meinem Vater auf mich gekommen ist ... Desgleichen schenke ich in dem gleichen Dorf Hachinga, was ich von Helfrich erworben habe ... Ferner schenke ich, was ich in dem Dorf, das Puoloch genannt wird, was ich von Folcker und seinem Sohn Milo erworben habe ..."

Abb.: Pötting heute

Petto (oder möglicherweise sein gleichnamiger Vater oder Großvater) war offenbar Namensgeber für Pötting. Dies war im Frühmittelalter ein großer Hof und der erste im Hachinger Tal, den wir namentlich kennen. In der Schäftlarner Urkunde taucht erstmals auch „Haching" auf, wobei damit die Gemarkung zwischen Deisenhofen und Unterhaching mit 10 Dörfern insgesamt gemeint war.

Man kann spekulieren, dass der Hof Nachfolger war der römischen villa rustica, deren Reste man in kurzer Entfernung nördlich davon gefunden hat. Jedenfalls ist festzustellen, dass der Großteil der Flächen, den heute der Pöttinger Hof bewirtschaftet, schon seit fast 2000 Jahren bebaut wird - welche Kontinuität!

1206 gehörte der Hof dem Conversen (Leihenbruder) Eppo, der ihn dem Kloster Diessen übereignete.[75] (Es war schon vor 1200 eine Hube abgetrennt worden, die später im Besitz von Weihenstephan stand.) Um 1362 berichtet das Kloster Diessen: „Der Hof gibt die 3. Garbe [vom Getreide], 60 Pfg ... 1 Schäffel [222 Liter] Hafer, 1 Schäffel Korn, 3 Hühner, den dritten Teil vom Heu, 1 Wagen, 1 Pflug mit Zubehör."[76]

1394 besitzt Adlheit, die Schwester des Hilprant Taufkircher, den Brunnenhof (später Wölflhof) in Pötting als Lehen des Klosters Diessen. Die Pacht aus dem Hof vermacht Adlheit „den Siechen auf dem Gasteig" in München. Ferner bestimmt Adlheit: "Auch Schaff ich die sechzig pfenning, die ich han auf der Hub zu Petlingen ze Vogtrecht, daz die dem Gotzhauz zu Sant Gorgen daselben ledig sein."[77] Das heißt offenbar, dass sie auf die Vogteiabgabe zugunsten der St. Georgskirche verzichtet. Das zitierte Dokument

---

75 HH, S. 61
76 HH, S. 456
77 Wenk, S. 10

ist der einzige Hinweis auf diese Kirche in Pötting!

1652 besitzt der Georg Schöfftlmayr das Wölflanwesen „darbey ain neuerpauthe hilzene Behausung mit ainem Strotach sambt Stadl, Ross- und Kuestall, ain Pachofen und Schöpfprunnen dann ain Wagenschupfen dabey auch ein Garten uf ain Tagwerch groß darin etwas wenigs von Obß und vil Weixlpämb (Sauerkirschen)."[78]

Nach der Säkularisation brauchten die Behörden lange um die Besitzurkunden umzuschreiben. Daher heißt es 1812 noch der Wölflhof habe das Kloster Diessen und der Hacklhof Weihenstephan als Obereigentümer. Aber bis 1830 hatten die beiden Landwirte wohl vom Staat die Höfe erworben. 1889 kaufte Bauer Baader vom Wölflhof den Hacklhof dazu, sodass wieder wie bei der Gründung im Frühmittelalter ein einheitlicher Besitz entstand.

Winning

In Winning (Winidun) wurden im 8. oder 9. Jahrhundert Wenden (= Slawen) als abhängige Bauern angesiedelt, „die unter die Herrschaft eines bayrischen Adeligen gekommen waren".[79]

In einem Dokument aus Tegernsee, verfasst zwischen 1003 und 1010, wird erstmals innerhalb der Gemarkung Haching ein Ort spezifiziert: Der edle Ratpot schenkt dem Kloster sein Erbgut in Kirchstockach und das andere „in Hachinga, que aliter Winidun nuncupatur" (das auch Winning genannt wird).

Die Historikerin Gertrud Diepolder schreibt: „In Winning gab es 1812 vier ganze Höfe, 2 Huben und 2 Lehen (so auch schon 1517) sowie 5 Sölden und Häusl. Größter Grundbesitzer war Tegernsee, größter Tegernseer Hof der Angermüller (Nr.1), also hat auch der Entenbach einmal eine Mühle getrieben. Auch die Klöster Schäftlarn, Diessen, Weihenstephan, Dietramszell hatten früher oder später Besitz in Winning und natürlich die Hofmarksherren von Taufkirchen."[80]

Potzham

Gertraud Diepolder vermutet, dass der Name Potzham von lat. Poz = Knecht herrührt. Es könnte an „servi manentes = behauste Knechte oder an servi prinzipes = Herzogsknechte, Barschalken erinnern, die die Flur rodeten und einen Herrenhof errichteten.

---

78 HH, S. 504

79 Reinhard Heydenreuter, Kriminalgeschichte Bayerns, Verlag F. Pustet, Regensburg 2008

80 Lebendige Heimat Oberhaching, S. 307

Zwischen 1042 und 1046 erhält die adelige Frau Imma dort lebenslang einen Tegernseer Hof als Altersruhesitz und verspricht dem Kloster bei ihrem Ableben dafür die Überlassung ihres eigenen Hofes „in vico Potzheim".[81]

Im Mittelalter gehörten die Felder und Anwesen in Potzham größtenteils dem Kloster Tegernsee, insbesondere die beiden nördlichen Maierhöfe, mit die größten im ganzen Tal. Noch 1812 wird Tegernsee als Obereigentümer für den „Heimerer" (früher Riedhof) und den „Zellermeier" (früher Püchlhof) genannt und zusätzlich für den Schatzlhof.

In jedem Dorf wurden früher die Gärten und Felder durch umfangreiche Zaunanlagen vor Wildtieren geschützt. Im Hachinger Heimatbuch ist das lange Protokoll einer Zaunbegehung aus dem Jahr 1701 abgedruckt. Daraus geht hervor, welcher Bauer die einzelnen Abschnitte und eines der vielen Ester (Zauntore) instand halten musste.

Bergham

Unser Bergham wird erstmals 1127/47 genannt, als die Familie des Unfreien Otliub ihren leibeigenen Knecht Adalpero von Hechingen (Haching) ans Kloster Tegernsee gibt und sich verpflichten für ihn 5 Pfennig Jahreszins zu zahlen.[82]

Der Bereich vom späteren Bergham war schon früh ein Siedlungsgebiet. 1999 wurden im Mitterfeld eine Fläche von knapp einem Hektar Größe freigelegt und Gräber aus der Keltenzeit entdeckt. Zahlreiche Funde entlang der Hangkante an der Hochstraße zeigen immer mehr, dass hier im frühen Mittelalter zahlreich bajuwarische Höfe existierten.

Im Hochmittelalter gab es „in einer Zeile oben an der Straße liegend, die der Hangkante folgt, 2 Höfe, 7 Huben und 7 Lehen." Grundherren waren verschiedene Klöster und Ortskirchen. „Drunten im Tal ... entstanden Sölden und Häusl" (Diepolder).

Zurück zur Hofmark. 1611 liefern die Jesuiten einen Bericht an den Herzog über Untertanen, die in den letzten 15 Jahren die Hofmark verlassen hatten: 7 Personen versuchten in Österreich ihr Glück, 2 Männer gingen zu den Soldaten, 3 Bewohner wanderten aus nach Pilsen, Köln und in die Niederlande, während von 5 Personen die neuen Aufenthaltsorte unbekannt sind. Knapp 20 Leute verließen also die Hofmark. Über Zuzüge schweigt der Bericht.[83]

1625 verkauft das zuständige Jesuitenkolleg München – vorbehaltlich der Zustimmung des Papstes – die Hofmark dazu das „Fischwasser", das Patronatsrecht am Benefizium,

---

81 Peter Acht, Die Traditionen des Klosters Tegernsee, 1952

82 HH, S. 62

83 Wenk, S. 80

28 Kühe, 40 Schweine und 24 Schafe zum Preis von 30.000 Gulden und 1.000 Gulden „Laykauf" (Ratenzahlung) an Herzog Albrecht, den Bruder von Kurfürst Maximilian. Ein Jahr später teilt Bischof Veit Adam Gedeck den Empfang einer päpstlichen Bulle mit, aus der hervorgeht, dass der Heilige Stuhl seine Zustimmung gibt jedoch unter der Voraussetzung, dass der Jesuitenorden ein geeignetes Ersatzobjekt erwerben kann. Da dies wohl nicht gelingt, wird 1628 der Kauf „rückabgewickelt".[84]

Im Jahr 1632 macht sich mit dem Einzug schwedischer Truppen in München der Dreißigjährige Krieg bemerkbar: „Vom Lager der Schweden am Giesinger Berg gehen die Raubzüge hinaus ins Land". Der Rektor des Jesuitenkollegs schreibt drei Jahre später: „Alldieweilen aber in der Hofmark Taufkirchen der mehrer Theil Underthanen vom schwedischen Feind abgebrennt, die anderen fast alle mit Tod abgegangen und auß 80 Höfen nit mehr den 12 oder 15 Haußwesen vorhanden, dieselben aber also ruiniert, daß die Grundherrschaft diese 3 Jahr herumb von solchen kainen Heller zugeschweigen ain mehrers niessen khinden".[85]

1634/35 wütete in München und Umgebung die Pest. Ihr fielen in der Hauptstadt mehrere tausend Bewohner zum Opfer. Wolf Schöfftlmayr aus Pötting berichtete: „Seye bey denen Gottesdiensten von allen Dörffern nach dem ersten Feindt und Sterb aus der ganzen Pfarr offtmahl nit mehrer als 40 Personen gewesen."[86]

1646 und 1648 hatte unser Gebiet nochmals zu leiden durch Plünderungen von fremden aber auch durch „befreundete" Truppen. Taufkirchen musste 60 Pferde und 57 Scheffel Hafer abgeben und die Einquartierung von 20 Reitern unter einem Leutnant erdulden. Die hiesigen Hofmarksbauern baten um Steuerstundung „in Bedenkhung, das wir nit allein von den Kayerlischen und Churbayerischen Pagagi[87], welche den 8. Mai unverhofft yber die Iser gangen, yberfallen und aufs äusserst geblindert worden, sonder auch umb alles dasienige, was wür seithero auß den Veldtern an Getraidt, Heuet und ander widerumb zu Haus gebracht in Zurückhmarschieren khommen sein, also daß wür kaum die Lebensmittl haben."[88]

„Es dauerte Jahrzehnte, bis sich die Dörfer von diesen Verlusten erholten. In den Steuerbüchern der Folgejahre fällt auf, dass es in großem Maße zu Zuzügen kam. So hat das Kloster Tegernsee aus seinen Höfen in Tirol nachgeborenen Bauernsöhnen das Angebot gemacht, in Bayern einen verlassenen Hof wieder aufzubauen" (Seebauer).

Nach dem Kriegsende 1648 schwelt viele Jahre lang ein Streit zwischen den hiesigen Bauern und dem Rektor der Jesuiten wegen einer Scharwerksleistung. Schließlich ent-

---

84 HH, S. 405
85 HH, S. 574
86 HH, S. 576
87 Pagagi = Versorgungseinheiten
88 HH, S. 579

scheidet Kurfürst Ferdinant Maria, dass die Landleute entweder im Frühjahr 6 Klafter Holz von Gumpertshausen (bei Oberbiberg) nach Taufkirchen oder im Herbst 8 Klafter Holz von Englwarting (bei Brunnthal) nach München schaffen müssen.[89]

Seit dem Beginn der Neuzeit, also seit etwa 1500, genügte sich der Staat nicht mehr mit der Bestrafung von Raub, Betrug und Mord. Er führte neue Straftatbestände ein wie Ehebruch, „Leichtfertigkeit" (voreheliche Sex), Gotteslästerung und Trunksucht, die stark in das Privatleben der Menschen eingriffen.[90]

Das Landgericht Wolfratshausen übte seine lockere Aufsicht über das hiesige Hofmarksgericht (Niedergericht) aus, indem es 1641 einen Bericht anforderte über die Bestrafung von Gotteslästerung, Fluchen, Schwören, Ehebruch und Leichtfertigkeit.[91] Zur Rechtspflege hatten die Jesuiten jeweils einen Richter eingesetzt. Georg Pflüegl beispielsweise, Hofmarksrichter zu Ebersberg und Taufkirchen, verurteilt 1604 Georg Frimmer aus Potzham wegen Leichtfertigkeit zur Zahlung von 10 Gulden, während Barbara Gerbl aus Deisenhofen, die ein Kind geboren hatte, mit einem Verweis davon kam.

Johann Huber aus Potzham hat 1694 „nächtlicher Weil auf der Straße sacramentiert und Gotteslästerung betrieben." Zur Strafe muss er eine Stunde an der örtlichen Schandsäule stehen: „bei ieziger Winterskälte hat er abgebüßt".[92]

Abb.: Schandsäule

---

89 Wenk, S. 113

90 Reinhard Heydenreuter, o. a. Ort, S. 97 ff

91 HH, S. 414

92 HH, S. 414, Im Saalbuch von 1592 wird am Ortsrand gegen Oberhaching eine „marterseil" erwähnt. Ist das die Schandsäule? Jedenfalls gab es einen Schandpfahl oder Pranger in der Hofmark.

Caspar Öttl aus Winning, der um 1700 zweimal Leichtfertigkeit beging, wird aus der Hofmark verwiesen. Später darf er zurückkehren, wird 3 Tage „bei geringer Atzung" im Amtshaus eingesperrt und erhält danach die Erlaubnis seine Magdalena Kerndl aus Potzham zu heiraten.

Leonhart Zellermair hat bezecht mit Lorenz und Hans Wagner aus Oberhaching gerauft und muss 1 Gulden 5 Schilling Strafe zahlen. Jakob Wollmuth, der an Heiligabend 1725 mit drei Burschen „ein bluetiges Gereuff gehabt", wird zur Zahlung von 1 Gulden verurteilt. Die Hofmarksrichter werden auch aktiv bei Erbschafts- und Geldstreitigkeiten und als Notare.[93]

1642 heißt über Pfarrer Wilhelm Stropp von Oberhaching: „Stropp wurde, da er nachts auf seinem Heimgehen [von Unterhaching nach Taufkirchen] einigen Nachtschwärmern Aufenthalt tun wollte, von selben erschlagen." Das Stift St. Veit kommentierte eingedenk früherer Vorfälle den Vorfall recht ungerührt, „zumal jeder der Orten weiß, mit was für ein Unruhigkeit Herr Stropp selig behafft gewesen." Er hatte vor seinem Einsatz in Oberhaching wegen Fehlverhaltens in Regensburg 17 Tage strengen Arrest und seine Ausweisung erleiden müssen. Während der Zeit in Oberhaching hatte er vom Geistlichen Gericht in Freising zu hören bekommen: „Wenn er fürderhin die Wirtshäuser nicht meidet, hat er eo ipso [dadurch] die Pfarrei verwirkt" und war zur Abschreckung mit 6 Tagen Gefängnis bestraft worden.[94]

1652 wird der „Pfarrverband" Oberhaching kirchenamtlich visitiert. Es heißt: „Taufkirchen ist ein Filial nach Oberhaching, ist ein schön Kürch, hat das Venerabile[95] und Taufstein, aber lar (leer), hat ein immerbrindends Licht, ein weiten, mit einer Mauer umbgebenen Freythof, in der Sacristia etliche Meßgewandt und antipendia (?), ist auch ein fundiertes Benefizium alda, was zue Collegium Monacensa Soc. Jesu Jus praesentandi[96] hat, würdt der Zeit provisorio modo administrirt von München auß durch Herrn Erhardt Frey, welcher wochentlich 2 oder 3 Messen liest"[97]

93　HH, S. 405

94　HH, S. 132/133

95　Venerabile = Das Allerheiligste

96　Jus praesentandi = das Recht, einen neuen Benefiziaten zu präsentieren

97　Wenk, S. 30

Abb.: Das katholische Pfarrhaus von 1908

1692 ist die nächste Visitation. Georg Erdstaller, 60 Jahre alt, ist seit 30 Jahren der Benefiziat. Er wird zu mehr Reinlichkeit in der Kirche angehalten. Das alte, zerrissene Evangelienbuch ist danach „abgeschafft worden".[98]

1694 brannte der Pfarrhof in Oberhaching wegen eines schadhaften Kamins ab. Noch im gleichen Jahr gelang es dem neu installierten Pfarrer Matthias Streicher das Geld für den Wiederaufbau zusammen zu bekommen und die Bauarbeiten beginnen zu lassen. 1626 war der Pfarrhof schon einmal abgebrannt; damals hatte es bis zum Wiederaufbau im Jahr 1643 siebzehn Jahre lang gedauert. Die Pfarrer hatten in der Zeit im Benefiziatenhaus in Taufkirchen gewohnt.

Im spanischen Erbfolgekrieg erleiden bayerische und französische Truppen im Jahr 1704 in der Schlacht bei Hochstätt eine schwere Niederlage; Bayern wird von Österreichern besetzt und ausgeplündert. Hans Stephan, Zacherlbauer zu Winning (Nr. 2), hat wegen der „gefährlichen Zeiten" sein ganzes Geld, 315 Gulden, unter einem Baumstumpf im Garten vergraben. Vor dem Hofmarksgericht behauptet er, der Bauernsohn Baltasar Gumperl habe den Münzschatz „hinweggenommen" und er könne daher seine Pachtschulden nicht bezahlen. Im Verhör zeigt er sich ungebärdig. Daher wird er „2 Stunden in den Stock (Schandpfahl)" geschlagen und muss außerdem „wegen seines allzugroben gotteslästerlichen Fluchens 3 Tage lang mit Wasser und

---

98 Wenk, S. 37

Prodt in dem Amtshaus büßen."[99]

1715 listet das Kloster Schäftlarn u. A. den Söldner Simon Springer in Taufkirchen als Leibeigenen auf.[100] Um 1800 waren noch 2 Prozent der Bevölkerung leibeigen[101]; dieses Abhängigkeitsverhältnis wurde in Bayern 1808 abgeschafft.

1716 entscheidet der Hofmarksrichter mit nachträglicher Zustimmung von Kurfürst Karl Albrecht (1726-1745) in einem Streit um den Zehent aus dem Ertrag von einigen Grundstücken, den Freising und das Stift St. Veit stellvertretend begonnen hatten, zugunsten der beiden Taufkirchner Kirchenpröbste.[102]

Pfarrer und Dekan Andreas Moser verklagt 1725 den Benefiziaten in Taufkirchen bei der hochfürstlich-geistlichen Regierung in Freising, weil er von 3 Feldern gewaltsam den Flachszehent entnommen, die Knechte des Dekan gestoßen und Schährufe auf ihn und die Knechte gerufen habe. Das Gericht untersuchte die Sache; dabei ergab sich, dass das Andreasstift zum Pfarrer und das Jesuitenkolleg zum Benefiziaten hielt. Beide Seiten versuchen durch Zeugen ihre Rechtsauffassung bestätigt zu bekommen. Das Gericht urteilte aber endlich 6 Jahre später zugunsten des Pfarrers, dass der Benefiziat für den entnommenen Flachs zahlen müsse. Dieser kam aber bis zu seinem Tod 1737 der Aufforderung nicht nach. Jetzt sollten die Nachfolger die Schuld übernehmen – bis zum Jahr 1784 war aber der Schadensausgleich noch nicht erfolgt …

1737/38 ließen die Jesuiten die Kirche St. Johannes umfangreich renovieren und im Stil des Barock umgestalten, weil „das Gewölbe und der Dachstuhl vor Alter einzufallen drohte" und „damit die aus Nachsehen der Vorgesetzten ohnehin schlechte Andacht der Taufkirchner nit gar erlösche". Die Renovierung war also dringend notwendig. Im Wappenbuch aus dem Jahr 1593 ist schon von Bauschäden die Rede!

Der Zugangsbereich wurde abgebrochen und vom Süden in den Westen, die Sakristei vom Norden in den Osten verlegt. Man ersetzte das Sparrendach mit drei Kehlbalken durch ein Kehlbalkendach mit stehendem Stuhl. Die Zimmerleute benutzen dabei einen Großteil der Balken erneut, die 1333 eingebaut worden waren! Das Langhaus wurde um etwa 60 Zentimeter erhöht und bekam eine flache Holzdecke. Dort brachte der Maler ein Scheingewölbe an. Die Renovierung kostete fast 2.300 Gulden.

Hobmair schreibt: „Die Jesuiten versuchten die Zehentherren – St. Veit in Freising am Weihenstephaner Berg und das Hochstift Freising – zur Zahlung heranzuziehen. Beide lehnten ab, mit der Begründung, dass Taufkirchen nie Pfarrkirche gewesen sei und nur

---

99 HH, S. 583. Das Amtshaus des Hofmarksrichters lag unmittelbar nördlich vom Dorfgasthaus.
100 HH, S. 419
101 Historisches Lexikon Bayerns, Leibeigenschaft in Altbayern
102 Wenk, S. 132

für solche müsse der Zehentherr Beisteuer leisten."[103]

Abb.: Dr.-Ing. Thomas Aumüller (Landesamt für Denkmalpflege) begutachtet das Dachwerk

Als Kaiser Karl VI von Österreich 1740 starb, glaubte Bayern Ansprüche auf die Herrschaft über das Nachbarland zu haben und fiel ins Land ein. Wien verteidigte sich, inthronisierte Maria Theresia und besetzte 2 Jahre später seinerseits Bayern. Französische Truppen halfen Bayern zu befreien.

1743 marschierten Österreicher erneut in Bayern ein und wurden erneut vertrieben. Die wechselnden Truppendurchzüge brachten wieder viel Not in die Dörfer. Pfarrer Moser in Oberhaching muss „bei diesen Kriegsbedrängnissen" dem Stift St. Andreas in Freising mitteilen, dass er seine jährlichen Abgaben nicht bezahlen kann. Und auch die Untertanen des Klosters Tegernsee in Potzham und Westerham geraten mit den Zahlungen in Rückstand.[104]

Aus dem Jahr 1746 gibt es ein interessantes Inventar, welches den Besitz des verstorbenen Taufkirchner Benefiziaten (sein Widdumshof lag südlich des heutigen Pfarrhauses) wie folgt festhält: 1 Stute zu 37 fl, 1 Ross zu 10 fl, 2 Kühe, 6 Schafe, 2 Lämmer, 667 fl Bargeld. Die „Frühmesser" sind oft unzufrieden mit ihren Einkünften. Umgekehrt heißt es: „Der Pfarrer von Oberhaching beklagt sich beim Bischof, weil [Benefiziat Benedikt] Kirchhofer sich pfarrliche Rechte anmaße; er singt ein Amt, lese das Evangelium, halte

---

103 HH, S. 269
104 HH, S. 568

an Weihnachten Mette und Amt, verkünde die Messen der Verstorbenen ... und der Pfarrer geht des Opfergeldes verlustig."[105]

Die Jahreseinnahme der Kirche St. Johannes aus Verpachtung von seinen Höfen oder Grundstücken hatte 1560 lediglich knapp 10 Gulden betragen; den jesuitischen Verwaltern war es gelungen, den Jahresertrag aus Pacht, Darlehenszinsen und dem Kirchenzehent in zweihundert Jahren auf 130 Gulden zu steigern.[106] Wirtschaftlich brachten demnach die Jesuiten die hiesige Kirche voran; für die örtliche Seelsorge fühlten sie sich nicht zuständig, allerdings hielten sie sonntags Katechismusunterricht[107].

In Taufkirchen streitet ab 1773 der Wasenmeister (Abdecker) mit den Bauern um die Entlohnung. Ersterer verlangt 45 Kreuzer zur Beseitigung einer Großvieheinheit oder die Tierhaut. Die Bauern wollen aber nur 24 Kreuzer und den halben Kern, den halben Kadaver, geben. Nach einem Gutachten des Oberjägermeisteramtes wird im Wesentlichen entschieden, dass dem Abdecker entweder Haut und Tierkörper oder 24 Kreuzer für sich und 6 Kreuzer für seinen Knecht ausgehändigt werden müssen.[108]

Im Jahr 1773 verbietet der Papst auf Druck von Kritikern in Frankreich, Spanien und Portugal den Jesuitenorden, dem man Machtmissbrauch vorwirft. Damit fällt die Hofmark Taufkirchen an den Landesherrn zurück.

Die Kritik an der zu großen Macht der Kirche und der Klöster wird auch in Bayern im Zuge der Aufklärung lauter. Kurfürst Max III Josef schränkt 1764 die Möglichkeit des Grunderwerbs der Klöster und die Sammeltätigkeit der Bettelorden ein. 95 von den bestehenden 100 Heiligenfeste werden – zum Leidwesen des Gesindes - abgeschafft.[109]

1781 gründet Kurfürst Karl Theodor (1777-1799) als Ersatz für die Jesuiten einen Zweig des Malteserordens. Es wurden dabei zum Unmut der Bevölkerung „Millionen verschleudert für ein paar Versorgungsstellen für den Hofadel" (Hubensteiner).

Graf Joseph von Taufkirchen aus Aurolsmünster bei Braunau/Österreich[110] verwaltete die hiesige Hofmark für den Orden, der nur bis 1808 Bestand hatte. Die Höfe wurden den Bauern zum Erwerb angeboten, der Schlossanger bei der Kirche und der Hofanger an der Dorfgrenze gegen Unterhaching 1813 an einen Münchner Bierbrauer verkauft.[111]

---

105 HH, S. 283
106 HH, S. 273, Wenk S. 64, „Kürchen Rechnung"
107 HA (Hg.), Katalog der Ausstellung: Die Jesuiten in Bayern, München 1991, S. 54
108 Wenk, S. 133
109 HA, Katalog zur Ausstellung Kirche in Bayern, München 1984
110 Hobmair hielt ihn irrtümlich für einen Verwandten der hiesigen Taufkircher.
111 HH, S. 406

1782 wird der Oberhachinger Pfarrer Mathias Kallinger beim Fürstbischof in Freising verklagt, weil er „ungemein den Trunke ergeben" sei, die Köchin geschwängert habe und dem Schullehrer in Unterhaching den Schüssel verweigere, den dieser fürs Orgelspiel beim Gottesdienst benötige. Das bischöfliche Gericht verhörte Kallinger und bestrafte ihn zu 16 Stunden Einsperrung bei Wasser und Brot und zu dreitägigen Exerzitien.

Er wurde jedoch mehrfach rückfällig und sein Fall machte Schlagzeilen in Zeitungen. Trotzdem stand seine Gemeinde hinter ihm und schrieb an das Geistliche Gericht: „Wir verlangen so lange er lebt ihn als einen fleißigen Seelsorger anzuerkennen".[112]

Hobmair erzählte: „Das tägliche Leben war sehr einfach gehalten. Zum Essen gab es viel Mehlspeisen und schmalzgebackene Nudeln. Fleisch kommt [nur] alle heiligen Zeiten auf den Tisch ... Wegen der geringen Beleuchtung des Hauses steht man mit den Hühnern auf und geht zeitig zu Bett ... Die Weiberleut spinnen die Wolle und stricken die warme Kleidung für den Winter. Das Übrige fabriziert der Schneider und der Schuster, die reihum von Hof zu Hof auf die Stör gehen ... Bei der Hofübergabe wird der >Austrag< ... fein säuberlich verbrieft."[113]

Franz Haller aus Hohenbrunn versprach 1770 seiner Schwiegermutter: „den ohnverwehrten Ein- und Ausgang in die Wohnstuben, dann zur Wohnung und Liegerstatt die Kammer über der Stuben, worein wegen der Wärme das Spundloch [in der Decke] offen zu lassen ist, die tägliche Tischkost [dazu] jährlich 4 Metzen[114] Weizen, 4 Metzen Korn ... 4 Pfund ausgelassenes Schmalz und 1 fl in Geld [außerdem] wöchendlich 8 Eier und täglich zwei Mass süsse Milch, zu den heyligen Zeiten 4 Pfund Fleisch ... alle Pachet [Backtag] einen weissen Laib Brod und alle Samstag 4 Nudln, das Obst von dem Birnbaum ... und vom Apfelbaum ... Koch- und Brennholz ... 8 Pfund gehächeltes Haar [Flachs], alle nötige Gwand- und Beschuhung, bei Erkrankung 4 Wochen lang die behörige Auswartung und die nötigen Medicamente ... Im Versterbungsfall hat der Sohn die Mutter christlich zur Erde bestatten und hiefür die gewohnlichen heyligen Gottesdienst halten zu lassen ..."[115]

---

[112] Wenk, S. 51

[113] HH, S. 474

[114] Ein Metzen = 37,06 Liter

[115] HH, S. 474/475

19. Jahrhundert

1789 begann in Frankreich die Revolution. Sieben Jahre später drangen Revolutionstruppen in Bayern ein. Der Oberhachinger Pfarrer Socher klagte: „Requisitionen ohne Ende: Tag und Nacht war man keiner Stunde vor ihnen sicher ... Noch ärger zum Theil ging es den an das Lager näher liegenden Ortschaften Taufkirchen, Niederhäching, Biberg, Perlach usw..."

1799 übernahm der Pfälzer Max Josef die Regierung in Bayern – und mit ihm der „Superminister" Montgelas. Nach der Niederlage in der Schlacht bei Hohenlinden schloss man mit Frankreich Frieden. 1803 vereinbarten die deutschen Fürsten in Regensburg mit Frankreich einen folgenreichen Vertrag: Bayern erhielt dabei als Entschädigung für Verluste in der von Frankreich beanspruchten Pfalz zahlreich geistliche Territorien zugesprochen. Im gleichen Jahr wurde die Säkularisation des Klosterbesitzes durchgeführt. 1806 erhob Napoleon Bayern höchstselbst zum Königreich.

1785 bis 1799 war Joseph Socher Pfarrer von „Haching"[116]. Zuvor ist er Dozent am Jesuitengymnasium in Landsberg gewesen. 1799 erhielt er eine Professur an der Universität Ingolstadt, 1819 zog Socher als Abgeordneter in den Landtag ein. Der Kirchenmann beschäftigte sich mit der Philosophie Kants und plädierte für Toleranz gegenüber Andersgläubigen. Er kritisierte scharf die zu geringe Steuerlast des Adels. Er schlug vor, Klostergüter für Volksbildung und Wohltätigkeit zu verwenden.

In Taufkirchen beklagte 1810 der Benefiziat Florian Haindl, dass in seiner Ökonomie Getreide und Futterstroh verfaule und das Vieh in Gefahr sei, von schadhaften Dachbalken erschlagen zu werden. Es entstand ein Streit, wer für die notwendigen Reparaturen zuständig sei. War es die Kirche oder der Staat? Eigentlich war die Sache einfach: Die adeligen Taufkircher, nicht die Kirche, hatten 1426 das Benefizium gestiftet. Aber etliche Jahre lang hatte die Johanneskirche die „Laudemien" eingenommen. Das Laudemium – es betrug 5 Prozent des Schätzwertes - hatte der Bauer im Erbfall oder beim Hoferwerb an den Grundherrn zu entrichten (vergleichbar mit Erbschafts- und Grunderwerbssteuer). Die Einnahme wurde üblicherweise für den Bauunterhalt von Gebäuden verwendet. Nach einem Jahr Schriftverkehr hat man festgestellt, dass der Staat, der die Herrschaft über die Hofmark übernommen hatte und „Rechtsnachfolger" der Taufkircher war, die Reparaturkosten begleichen muss.[117]

---

116 Zum Pfarrhof gehörte die Landwirtschaft; im Stall standen 4 Pferde, 12 Rinder und 5 Schafe

117 Wenk, S. 133

1812 erließ Bayern nochmals eine sehr restriktive Dienstbotenordnung, die die „Ehalten" noch bis zur Revolution von 1918 in unmündigem Status beließ. Begründet wurde dies mit angeblichem „Übermuth und Zügellosigkeit der Dienstboten und Tagwerker, ihrer übertriebenen Forderungen und Nachlässigkeit in der Arbeit."

Im gleichen Jahr zog Napoleon mit seinem Heer darunter 30.000 Bayern zur Schlacht nach Russland. Nur wenige der Männer überlebten. In Russland starben Matthias Hufschmid (34 Jahre alt), Milchmannsohn von Taufkirchen und Peter Pichlmayer, Bauerssohn zum Lidl in Potzham.[118]

Mit kurfürstlicher Verordnung vom 23.12.1802 wird die Schulpflicht für Kinder von 6 bis 12 Jahren eingeführt. „Der bayerische Staat übernimmt nun die gesamte Schulaufsicht, überträgt aber den Pfarrern die örtliche Aufsicht als Lokal- und Distriktschulinspektoren".[119]

1770 war in Bayern das Volksschulwesen moderat modernisiert worden. Die Schule bei der Frauenkirche in München wurde zu einer Art Lehrerbildungsanstalt bestimmt: „Es soll keiner mehr zum Lehramt zugelassen werden, der nicht zuvor beim kurfürstlichen geistlichen Rat in München geprüft und für tüchtig befunden worden wäre".[120]

In Taufkirchen übernahm 1791 Johann Kistler das Amt des Lehrers und Mesners. Zuvor musste er zwei Prüfungen bestehen. Er wird gefragt wie eine Schule organisiert wird, welche Bücher man braucht, wie man den Kindern die Buchstaben und das Rechnen beibringt. Bei der ersten Prüfung hieß es noch bei der Frage „Wie geht man beim Lesen und Schreiben fort?": „[Dem] Kandidaten mangelt im letzten Fache die Fähigkeit". Aber die entscheidende zweite Prüfung hat er offenbar bestanden.[121]

1804 unterrichtete der Mesner und Schullehrer Alois Bahdradt in seinem Haus am Bach südlich der Kirche 12 Buben und 8 Mädchen. 1864 errichtete die Gemeinde an gleicher Stelle das Schulhaus mit einem Klassenzimmer und einer Lehrerwohnung.[122] 1903 wurde im Rathaus am Hohenbrunner Weg eine zweite Klasse eingerichtet. Bei den beiden Unterrichtsräumen blieb es bis zum Jahr 1960! Erst dann konnte die mehrklassige Grundschule an der Dorfstraße in Betrieb genommen werden.

1809 war das Hachinger Tal eines der ersten Gebiete in denen die exakte Grundstückserfassung als Teil der Landesvermessung durchgeführt wurde. „Erst als die genaue Parzellenvermessung, die Bonitierung der Grundstücke nach dem mittleren

---

118 HH, S. 589
119 HH, S. 363
120 HH, S. 361
121 Wenk, S. 139
122 Heimatbuch 1989, S. 8

Ertrag (1-10), die Klassifikation (Vergleich mit Mustergrundstücken) und die Liquidation (Feststellung der Eigentums- und Rechtsverhältnisse) abgeschlossen war, konnte die Anlegung des Katasters, die >Katastrierung< erfolgen"[123] - als Grundlage für die Besteuerung. 1671 hatte Kurfürst Ferdinand Maria (1651-1679) das sogenannte Große Steuerbuch eingeführt, in welchem alle steuerpflichtigen Anwesen, noch nach dem ungenauen Hoffuß klassifiziert, eingetragen und besteuert worden waren (Vgl. das Hachinger Heimatbuch, S. 702 ff).

Die Hofmark Taufkirchen war schon 1803 in dem neuen Landgericht München aufgegangen. Innerhalb des Landgerichtes wurden die Steuerdistrikte Taufkirchen, Westerham, Potzham, Winning, Bergham und „Petting" gebildet. Alle Grundeigentümer mussten ihren Besitz in Vordrucke (Fassionen) eintragen. Außer der neu vergebenen Hausnummer (gleichzeitig Grundstücksnummer) wurde der Hofname, die geschätzten Grundstücksgrößen, der Schätzwert, der Obereigentümer, Gerichtsstand und die Zehendpflicht abgefragt. Es gab einige große und zahlreiche kleine, insgesamt fast 60 Agrarbetriebe (1592 hatte es 65 Höfe gegeben, 1671 zählte man 62. 2010 gab es lt. Statistik noch 19 landwirtschaftliche Betriebe).

Das Rentamt in München stellte 1812 die Steuern für den Distrikt Taufkirchen fest. Der Bauer Georg Huber musste beispielsweise für den Heimerer Hof in Potzham bei exakt 109,87 Tagwerk Grund 4 Gulden 46 Kreuzer „Rustikalsteuer" und 31 Kreuzer Zehentsteuer bezahlen.[124] Während der Zehent früher der Kirche zugute kam und ernteertragsabhängig war, erhob jetzt der Staat einen gleichbleibenden Jahresbetrag.

Im Zuge der Neuorganisation des Staates verloren die Städte und Dörfer zunächst ihre bescheidenen Selbstbestimmungsrechte. In München etwa wurden – ein Bruch mit jahrhundertelanger Tradition - für ein Jahrzehnt die Entscheidungsrechte auf Staatsbeamte übertragen.

Mit dem Gemeindeedikt von 1818 wurde Taufkirchen von der Hofmark zur „Ruralgemeinde". Mit Ortsvorsteher, Gemeindeausschuss und der selten tagenden Gemeindeversammlung an der Spitze konnte man jetzt zahlreiche Dinge selbstständig regeln. Zuvor hatte die „Gmain", vertreten durch Dorf-Vierer, nur die Zuständigkeit für Schutzzäume, Weidebetrieb, Dorfhirte und Schmied gehabt. Die Dorfvierer repräsentierten die Dorfgemeinschaft vor Gericht. So geschehen 1709 als die Gebrüder Öttl aus Winning ohne Erlaubnis 80 Schafe auf die Gemeindeweide getrieben hatten.[125]

Im 19. Jahrhundert kam es zu weitreichenden Wandlungen in der Landwirtschaft. Vom Staat empfohlen, setzte sich die Stallhaltung des Viehs durch und man begann Milch in

---

123 Georg Mooseder, Adolf Hackenberg, 1200 Jahre Perlach, Festring Perlach, München 1990, S. 413

124 StA München, Kataster No. 13707

125 HH, S. 414

die Stadt zu verkaufen. Im Häuserverzeichnis Taufkirchens aus 1812 findet sich deshalb ein „Milchmann". (Um 1880 gaben die Bauern in Taufkirchen die Milch für 1 Groschen pro Liter ab und verlangten in München 1 Sechser = 2 Groschen.)[126]

Im Hachinger Tal wurde hauptsächlich Getreidebau betrieben. In Pötting gab es zwar im 17. Jahrhundert schon einen „Kuestall", aber die meisten Tiere wurden wohl ganzjährig im Freien gehalten (soweit man sie nicht im Herbst schlachtete). Sie dienten nur zur Eigenversorgung. Der Dorfhirte trieb sie auf die Weide und die Brachfelder. Noch 1823 richtete Taufkirchen mit zahlreichen anderen Gemeinden ein erfolgreiches Gesuch an das Forstamt des Grünwalder Forstes mit der Bitte das Vieh wegen „gänzlichem Futtermangel" wieder auf die Holzwiesen treiben zu dürfen.[127]

Man baute jetzt in der Landwirtschaft auf je einem Drittel der Felder Wintergetreide an, auf einem Drittel Sommergetreide und zunächst Klee auf dem Teil, der bisher zur Erholung des Bodens liegen geblieben war. Kurfürst Karl Theodor (1777-1799) hatte sich bereits für den Anbau von Kartoffeln eingesetzt. Ihre Akzeptanz begann aber erst nach den Agrarkrisen von 1805, 1816 und 1817. Man schätzt, dass 1860 auf der Hälfte der früheren Brachfelder Kartoffeln wuchsen. Die Bauern erkannten, dass die Knolle nicht nur zur Ernährung von Mensch und Tier, sondern auch zur Brandweinerzeugung geeignet war.

Taufkirchen hatte bekanntlich einen Wirt und außerdem diese Handwerker: 5 Müller, 3 Schuster, 2 Weber, 2 Zimmerer und jeweils einen Sattler, Schneider, Abdecker, Kistler (Schreiner), Kramer, Schäffler (Fassmacher).[128]

„In der Thomasnacht des Jahres 1824 brach im Anwesen des Festlbauer [in Bergham], als sie im Stadl eine Kuh schlachteten, durch eine herabfallende Laterne Feuer aus. Da gerade ein heftiger Schneesturm wütete und die Häuser nahe bei einander standen, so fielen dem Feuer ... neun Anwesen zum Opfer."[129]

„1808 wurde dann auch den hofmärkischen Untertanen per Dekret die Möglichkeit eröffnet, Abgaben und Dienstverpflichtungen von der Herrschaft abzulösen."[130]

Die Bedingungen für den Erwerb der bewirtschafteten Höfe waren zunächst aber noch sehr ungünstig. 1812 wurden die Bestimmungen geändert. „Dann kam die Aktion erst wirklich in Gang. Freilich dauerte es noch bis zum Revolutionsjahr 1848 und darüber hinaus, bis der Prozess der >Bauernbefreiung< abgeschlossen war."[131] Die Landwirte

---

126 „Kulturbilder", S. 16
127 1200 Jahre Perlach, S. 426
128 Gemeinde Taufkirchen, Festschrift anlässlich der Einweihung des neuen Rathauses, Selbstverlag, Taufkirchen 1974
129 „Kulturbilder", S. 19
130 Michael Henkel u. A. (Hg.) Bauern in Bayern, HdBG, München 1992, S. 157
131 Rudolf Felzmann, Unterhaching, Ein Heimatbuch, Unterhaching 1988, S. 73

hatten zunächst jährlich 4 % des Verkehrswertes als Bodenzins zu zahlen. Wenn sie ihre Höfe ganz übernehmen wollten, wurde der 18fache Jahresbetrag fällig. Die Bauern wurden auf diese Weise freie Unternehmer.

1832 forderten Bürger auf dem Hambacher Fest in der Pfalz Einheit und Freiheit in Deutschland. Diese Bestrebungen mündeten in die Revolution von 1848, die jedoch von den Fürsten niedergeknüppelt wurde. In München führte die Erhebung zum Machtwechsel von König Ludwig I. zu seinem Sohn Maximilian II.

Im gleichen Jahr „wurden die noch bestehenden feudalherrlichen Rechte beseitigt. Alle Abgaben und Dienstverpflichtungen … wurden aufgehoben."[132] Für die noch nicht privatisierten Bauernhöfe ermittelte man den geschuldeten Abgabebetrag für 18 Jahre und die Landwirte mussten diesen in 4-Prozent-Raten abbezahlen.

Im Jahr 1854 wütete in München die Cholera; auch das Hachinger Tal war davon betroffen: Es gab fast 30 Todesopfer, sechs davon in Taufkirchen.[133]

Im „Deutschen Krieg" von 1866 gegen Preußen erlitt Bayern an der Seite Österreichs eine schwere Niederlage. Vier Jahre später marschierten bayrische Soldaten an der Seite Preußens siegreich gegen Frankreich. Bayern verlor in der „Reichseinigung" bis auf einige symbolische Reste seine Selbstständigkeit.

Zwei Männer aus Taufkirchen sind im deutsch-französischen Krieg gefallen. Ihnen gedachte man 40 Jahre später mit einem „Kriegerdenkmal". „Im Überschwang des Sieges über Frankreich gründete sich 1874 als erster Taufkirchener Verein die ›Krieger- und Soldatenkammeradschaft‹" (G. & V. Tempel, Harro Renner). In den zwei Jahrzehnten danach konstituierten sich in Taufkirchen die Traditionsvereine der Feuerwehr, der Schützen und der Burschen.

---

[132] Bauern in Bayern, S. 165

[133] HH, S. 278

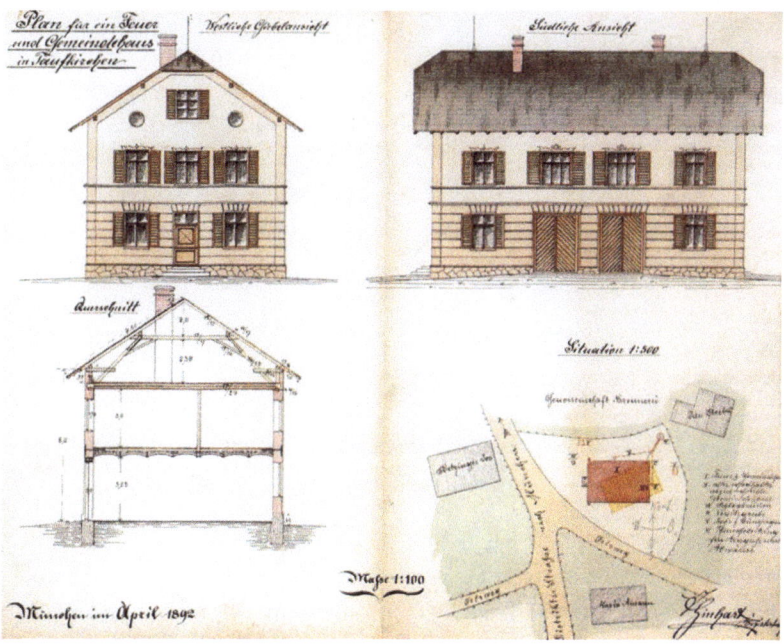

Abb.: „Plan für ein Feuer und Gemeindehaus in Taufkirchen" (1892)

1880 eröffneten etliche Großbauern zusammen eine ertragreiche Genossenschaftsbrennerei. Einige Betriebe verdienten Geld mit eigenen Schnapsbrennereien. Nachdem im deutschen Reich jetzt Gewerbefreiheit herrschte, eröffnete in jedem Ortsteil ein Schankbetrieb, sodass man im Ort bald sieben Wirtschaften und sechs Brennereien zählte.

August Koch berichtet in seinen Jugenderinnerungen, dass es in seiner Umgebung damals noch eine rückständige Landwirtschaft und oft Armut gab: „In Bergham war [bei den Leuten] fast niemals Geld zu finden. Kam ein Unglück im Viehstall oder ein Hagelwetter oder ein Missjahr infolge Trockenheit, so artete dieses Unglück nachgerade zur Katastrophe aus. Es gab meist keinen anderen Ausweg mehr, als Grundstücke abzustoßen bzw. zu verschleudern." [134]

1898, also rund 60 Jahre nach der ersten Eisenbahnfahrt 1835 von Nürnberg nach Fürth, bekam auch Taufkirchen mit Eröffnung der „Lokalbahn" München-Ost – Deisenhofen Anschluss an das moderne Transportsystem. Die Münchner Neueste Nachrichten berichteten

---

[134] „Kulturbilder", S. 55

Abb.: Bahnhof mit ehemaligem Gasthaus um 1975

von einer Inspektionsfahrt ab Deisenhofen: „Das erste Bahnhofsgebäude trägt den Namen >Taufkirchen-Unterhaching< ... Besagter Taufkirchen-Unterhachinger[135] Bahnhof hat ein Hauptgeleise, ein Ausweichgeleise, eine Güterhalle mit Laderampe und sogenannter Ladeschablone, eine Bodenwaage, kurzum, er ist mit allen >Chikanen der Neuzeit< ausgestattet. Die beiden Ortschaften liegen etwa 10 Minuten ab ... Ein paar Büchsenschüsse weiter folgt der Halteplatz Unterhaching ... Wie schon der Name sagt, ist das nur ein Platz, auf dem gehalten wird ... In der gut renommierten Restauration von Wiebl ... wird die Billiettenabgabe stattfinden." Ein Bahnhofsgebäude wurde schon drei Jahre später „nachgerüstet".

Rudolf Felzmann berichtete: „Die Gemeinde musste den notwendigen Grund und Boden an die Kgl.-Bayer.-Staatsbahn zur Verfügung stellen, hatte andererseits jedoch die Bauern abzufinden." Die Entschädigung betrug 26,5 Pfg pro Quadratmeter. „Um die Streckenführung wurde lange verhandelt. Der Gemeindeausschuss wollte die Linie nahe am Dorf. Der moorige Untergrund nach Süden zu bis Furth war dann aber der Grund, warum die Linie weiter westlich auf der kürzeren, billigeren und technisch leichteren Strecke gebaut wurde."[136] Ludwig Riedmaier errichtete am Bahnhof in Taufkirchen eine „Restauration" mit Biergarten, von dessen Kastanienbäumen einige bis heute erhalten geblieben sind.

---

135 Im Jahr 1900 hatte Taufkirchen 623, Unterhaching 616 Einwohner

136 Heimatbuch Unterhaching, S. 79

20. Jahrhundert

Bei der Reichstagswahl 1903 erzielten im Dorf Taufkirchen: BBB 40 %, SPD 30,5 %, Zentrum 29,5 % der abgegebenen Stimmen. Das Ergebnis überrascht: das Zentrum, die „traditionelle Heimat der bayerischen Landbevölkerung", abgeschlagen; die „Sozis" (Vertreter der städtischen und ländlichen Arbeitskräfte) um ein Prozent stärker und der Bayerische Bauernbund, der Kritiker der staatlichen und kirchlichen Obrigkeit, als deutlicher Sieger! Von 148 Wahlberechtigten hatten immerhin 95 Wähler oder 64 Prozent ihre Stimme abgegeben. Bei den Reichstagswahlen waren nicht nur Besitzbürger, sondern alle deutschen Männer wahlberechtigt.

1909 wird Taufkirchen nach längeren Bemühungen eines „Pfarrfundierungsvereins" unter Bürgermeister Peter Wagmüller und dem späteren Pfarrer Ferdinand Buchwieser selbständige Pfarrei. Schon im Jahr zuvor wurde das neue Pfarrhaus fertiggestellt, dessen Finanzierung eine große Anstrengung für die Einwohnerschaft bedeutete. Auch die übrigen Filialen Oberhachings erhalten ihre Selbstständigkeit; der Wirkungskreis der Pfarrei wird entgegen jahrhundertelangem Gebrauch somit schrittweise auf das Dorfgebiet reduziert.

Die Erhebung Taufkirchens zur eigenständigen Pfarrei stärkte das Selbstbewusstsein der Dorfgemeinschaft und „ließ auch den Wunsch nach einem eigenen Kriegerdenkmal laut werden." Am 17. Juli 1910 war es geschafft: an jenem Tag findet „der weihevolle Akt der Enthüllung statt:" „ Auf einem mit Tuff verkleideten Untersockel erhebt sich ein roter Granitblock, an dem drei Marmortafeln mit den Namen der Feldzugsteilnehmer angebracht sind. Oben steht eine Figur von etwas über Lebensgröße eines früheren bayerischen Jägers mit vollständig feldmäßiger Ausrüstung, wie er, in der einen Hand die Fahne in der anderen den Säbel, zum Angriff übergeht."[137]

Zwei der Kriegsteilnehmer verloren jedoch beim siegreichen Kampf gegen den „Erbfeind" Frankreich 1870/71 ihr Leben. Vier Jahre nach den Einweihung tobte in Belgien und Frankreich schon der nächste Krieg. 18 Männer aus Taufkirchen starben in diesem ersten „Weltkrieg" und erforderten Zusatztafeln auf dem „Siegerdenkmal".

---

[137] „Kulturbilder", S. 71/74

Abb.: Das Kriegerdenkmal von 1910

Kriegsmüde, bayrische Soldaten und Arbeiter unter der Führung des sozialdemokratischen Journalisten und Politikers Kurt Eisner sorgten 1918 für die Einstellung der Kämpfe und für das Ende der bayerischen Monarchie. In Stadt und Land bildeten die Menschen Arbeiter- und Bauernräte als Ausdruck des Friedenswillens und des Wunsches nach Mitbestimmung. Die Taufkirchener Gemeindevertretung (der Gemeindeausschuss) bemühte sich darum, Gewehre zu beschaffen, um möglichen Bedrohungen vorzubeugen.

In Unterhaching übernahm kurzzeitig ein Arbeiter- und Bauernrat die Ortsregierung, ähnlich auch in Perlach. Anfang Mai 1919 lies die SPD-geführte Staatsregierung die Revolution durch Freikorps blutig niederschlagen. Diesem Wüten fielen auch drei Revolutionäre und ein Schriftsteller aus Unterhaching und 12 Arbeiter aus Perlach zum Opfer. Aus Angst vor einer erneuten sozialistisch-kommunistischen Räterepublik, wie nach der Ermordung Eisners, formierten kriegserfahrene Männer in Taufkirchen, wie in vielen Gemeinden, eine kurzlebige Einwohnerwehr.

Abb.: Einwohnerwehr Taufkirchen 1919

Die Nachkriegszeit war geprägt durch Arbeitslosigkeit, Not und politische Wirrnis.

Spätestens nachdem Adolf Hitler im Januar 1933 „die Macht übernommen hatte", begann auch für Taufkirchen eine neue Zeit. Hitlers Partei, die NSDAP, enthob den Landwirt Balthasar Laubhart, der schon seit 1924 amtierte, seines Amtes und installierte Johann Riedmaier als Bürgermeister. Riedmaier wurde aber 2 Jahre später wieder abgesetzt, als man seine fortdauernde Sympathie für die, 1918 gegründete, inzwischen verbotene Bayerische Volkspartei bei ihm festgestellt hatte.

Der Bäckermeister Johann Bücherl, geb. 1900 in München, übernahm das Bürgermeisteramt. Er ist gleichzeitig „Zellenleiter" der NSDAP für Taufkirchen gewesen und führte die hiesige Abordnung zur Autobahn, als im Juni 1935 der „Führer" Adolf Hitler nach Taufkirchen kam und im Osten der Gemeinde mit großem Pomp das Teilstück München-Holzkirchen eröffnete. Die Gemeinde errichtete für die Hitlerjugend eine Baracke an der Dorfstraße, in der nach dem Krieg Flüchtlinge untergebracht wurden.

In den umfangreichen Akten zur Entnazifizierung heißt es, Bücherl sei zunächst überzeugter Nazi gewesen, habe aber später von der Sache nicht mehr viel wissen wollen. Der SD (der von der SS betriebene Sicherheitsdienst der NSDAP) bescheinigt ihm: „Der Bürgermeister, Bäcker und Konditor, drückt sich von einer Betätigung in der Partei so gut er kann. Stark konfessionelle Einstellung, geht in Uniform mit übergezogenem Zivilmantel in die Kirche, lässt sich dann draußen die Uniformmütze nachbringen."

Von Johann Bücherl sind zahlreiche Handlungen überliefert, die man als Widerstand charakterisieren kann. So sorgte er für die menschliche Behandlung der im Dorf tätigen Zwangsarbeiter und Kriegsgefangenen (60 Franzosen schliefen in der Turnhalle neben der Kirche). Er veranlasste, dass sieben gegen Kriegende notgelandete Amerikaner nicht in die Mörderhände der SS fielen, indem er sie der Gendarmerie in Oberhaching übergab. Zwei geflohene englische Kriegsgefangene brachte er aus gleichem Grund in seinem Auto in das Gefangenenlager nach München zurück. Er beherbergte eine jüdische Familie vor ihrer Flucht in seinem Haus und erlaubte den Zuzug des jüdischen Justizrates Julius Prohownik aus Donauwörth.

Trotzdem wurde Bücherl nach dem Kriegsende wegen seiner NSDAP-Mitgliedschaft seines Amtes enthoben, im Entnazifizierungsverfahren aber lediglich als „Mitläufer" qualifiziert.[138] Die Sieger des Zweiten Weltkrieges hatten für Deutschland einen „Kontollrat" eingesetzt. Dieser schuf im März 1946 ein Gesetz zur Beseitigung des Nationalsozialismus. Jeder musste einen Fragebogen ausfüllen und „Spruchkammern" sortierten die Deutschen in Kategorien ein. Die vierte von fünf Belastungsgraden war der „Mitläufer", einer der nicht nennenswert im NS-System beteiligt war, aber auch wenig Widerstand geleistet hatte.

Im Frühjahr 1935 war Major Hans Horn, der in Taufkirchen wohnte, Leiter der Ortsgruppe Unterhaching/Taufkirchen geworden. Zusammen mit einem Gemeindebeamten verschleppte er im August 1935 zwei parteikritische Arbeiter in den Wald bei Peiß und schlug sie dort krankenhausreif.[139]

Der Ortsgruppenleiter - er war letztlich mächtiger als der Bürgermeister - konnte auch in Taufkirchen eingreifen. Allerdings war es für ihn und die Partei nicht ganz leicht, sich in der geschlossenen bäuerlich-katholischen Welt des Dorfes durchzusetzen. In dem bereits zitierten Bericht des SD aus dem Winter 1944/45 heißt es über die Einwohnerschaft: „Ursprünglich gutmütig, wenn auch indolent, schwarz, konservativ, heute 80% Gegner [des Regimes], 15% lau, 5% willig."[140]

Gleichwohl musste sich die Bevölkerung wohl doch, auch mit Beflaggung der Häuser, beteiligen, wenn die NSADP zu Feiern einlud. Das war der Fall als 1935 in Unterhaching Sonnwendfeier, Erntedankfest und der Gedenktag 10 Jahre Ortsgruppe, 1937 der Tag der Machtergreifung und 1940 der Tag der Wehrmacht begangen wurden.

Als 1937 Max Brock das Amt des OGL in Unterhaching übernahm, musste Horn sich mit der Zuständigkeit für Taufkirchen begnügen, dessen Zelle zu einer getrennten Ortsgruppe wurde. Horn, geb. 1872, ist früher Zollamtsrat und im 1. Weltkrieg Major

---

138 SA, Spruchkammerakten Karton 221, Johann Bücherl

139 SA, LRA 58164

140 SA, Spruchkammerakten, Karton 221, Brief der SD- Hauptaußenstelle München an den OGL Veit (ohne Datum)

der Landwehr gewesen. Als Vorstand des Kriegervereins in Taufkirchen nahm er, obwohl evangelisch, an der Fronleichnamsprozession teil. Trotzdem wurde er in der Dorfgemeinschaft als fremd und unbeliebt empfunden. Da er oft mit Rucksack unterwegs war, beschuldigte man ihn heimlich der Hamsterei. Die Partei nahm ihm übel, dass er gegenüber dem Stellvertreter des mächtigen Gauleiters Wagner in München Zweifel an der Judenpolitik geäußert hatte, indem er berichtete, dass ein Kamerad jüdischen Glaubens ihm im Weltkrieg das Leben gerettet habe.

1942 entfernte der Hauptlehrer Anton Schwarz auf Parteibefehl hin die Kruzifixe aus den beiden Klassenräumen. Im dem Bericht des SD heißt es über ihn: „Der Hauptlehrer, Pg. [Parteigenosse], ist gleichzeitig Organist und Kantor, sehr schwarz." Die Maßnahme des Lehrers löste einen Sturm der Entrüstung aus. Selbst Horn distanzierte sich davon. Die Landwirte beschlossen in einer stürmischen Versammlung das Winterhilfswerk für bedürftige „Volksgenossen" zu boykottieren, wenn die Kreuze nicht wieder aufgehängt würden. Man sprach von einer Bauernrevolte. Die Gestapo erschien und verhörte die Teilnehmer. Mehrere von ihnen mussten Sicherheitsgelder zwischen 300 und 1500 Reichsmark hinterlegen, um ihr Wohlverhalten zu garantieren.

In dem Bericht des SD wird Horn beschuldigt, für die NS-Bewegung geradezu schädlich gewesen zu sein. Hans Horn wurde nach dem Krieg von der Spruchkammer ebenfalls als „Mitläufer" eingestuft und musste jedoch zur Sühne 500 Reichsmark bezahlen.[141]

Etliche Einwohner hatten persönlich unter dem NS-Regime zu leiden. So musste ein Bürger wegen „defätistischen Reden" zwei Wochen ins Gefängnis, ein Bauarbeiter wurde einige Zeit in zwei Konzentrationslagern gequält, ein behindertes Ehepaar musste sich unter demütigenden Umständen der Sterilisation unterziehen.

Die Gastwirtin Johanna Forstner aus Bergham wagte viel, als sie im Juli 1944 bezüglich des „Führers" laut fragte: „Ist denn da gar keiner da, der diesen Bazi umbringt?" Um dann festzustellen: „Wie der Kaiser gesehen hat, dass der Krieg verloren ist, ist er wenigstens gegangen, aber der Bazi geht nicht!" Der drohenden Verhaftung entging Frau Forstner, indem sie bis zum Kriegsende bei Verwandten untertauchte.[142]

Während des Krieges wurden zahlreiche Gefangene in Betrieben und Haushalten eingesetzt und dabei unterschiedlich behandelt. Neben etlichen positiven Beispielen (s. unten) steht dieser Fall: Der Pächter des Zacherlhofes beschimpfte und schlug regelmäßig den Kroaten Jaroslav T. Im Juli 1944 provozierte er einen Streit. Der Zwangsarbeiter griff zur Mistgabel und verletzte den Pächter so schwer, dass er an den Verwundungen starb. Der Kroate wurde vor Gericht gestellt, von diesem wegen seiner

---

141 SA, Spruchkammerakten, Karton 765, Hans Horn
142 StA München, Spruchkammern, Karton 1862, Veit Otto

Affekthandlung zum Tod verurteilt und im Gefängnis Stadelheim hingerichtet.[143]

Anders als im Ersten fanden Kämpfe am Ende des Zweiten Weltkriegs (1939-1945) auch in Deutschland statt. So gab es mehrere Bombenabwürfe über Taufkirchen, die u. a. das Bahngleis in Bahnhofsnähe zerstörte. Zwei Todesopfer durch Bombenschäden waren zu beklagen, zwei weitere durch Tötungsdelikte. Vier amerikanische Soldaten kamen beim Absturz ihres Flugzeuges im Gemeindegebiet ums Leben. In den letzten Kriegstagen versuchte noch ein Leutnant mit fremden Hitlerjungen vergebens eine Flugabwehrstellung zu installieren. 89 Männer sind im Krieg gefallen oder als Vermisste später für tot erklärt worden.[144]

Am 28. April 1945 um 6 Uhr begann mit einem Aufruf des Hauptmann Rupprecht Gerngroß (1915-1996) aus Oberhaching im Radio die Freiheitsaktion Bayern (FAB). Verschiedene militärische Gruppen in München, Freising und Moosburg hatten sich im April zu diesem Aufstand in letzter Minute verabredet. Sie besetzten das Münchner Rathaus, das Militär- und Parteigelände in Pullach und zwei Radiosender. Fünf Männer aus Oberhaching schlossen sich der FAB an. Ortsgruppenleiter Langl bestellte aber den Volkssturm[145] ein, um eine Verteidigungsstellung aufzubauen.

Johann Stelzer berichtet: „Wir, Mitglieder der FAB, beschlossen zum Anführer des Volkssturms zu gehen, um ihn zu bitten, dem Befehl des Ortsgruppenleiters nicht Folge zu leisten ... Leider war unsere Verhandlung ergebnislos ... [Es] blieb mir nichts anderes übrig, als den Ortsgruppenleiter zu verhaften."

Wenige Stunden später stellte sich heraus, dass der Putsch gescheitert war, und der Gefangene wurde freigelassen. Die Leute der FAB mussten sich für kurze Zeit verstecken.

Johann Stelzer wird kurz darauf von den Siegern zum Bürgermeister bestellt. In zahlreichen Orten Südbayerns hatten sich fast 1.000 Personen dem Aufstand angeschlossen – 57 von ihnen bezahlten ihren Widerstand mit dem Leben.[146]

Am 1. Mai 1945 besetzten US-Soldaten für wenige Tage Taufkirchen. Es wird berichtet: „Ein kriegsgefangener Franzose, der beim Bauer Baader in Pötting tätig war, verwandte sich für seinen Arbeitgeber, als Amerikaner auf den Hof kamen, um Erkundigungen

---

143 Elsbeth Bosl et. al. Die vielen Gesichter der Zwangsarbeit: „Ausländereinsatz" im Landkreis München 1939 – 1945, Verlag K. G. Saur, München 2005, S. 134

144 Peter Seebauer, unveröffentliche Skizzen zur Geschichte Taufkirchens

145 Volkssturm: Heimatarmee, zu der die NSDAP ab Oktober 1944 alle Männer von 16 bis 60 Jahren einberief

146 Historisches Lexikon Bayern, Freiheitsaktion Bayern

über dessen politische Einstellung einzuholen … Einige [Fremdarbeiter] hinderten die eigenen Landsleute daran, Vieh vom Bauernhof des Arbeitgebers zu holen … Die französischen Kriegsgefangenen … nahmen das Auto ihres Arbeitgebers, steckten die Trikolore auf und fuhren nach München."[147]

Im Beisein von 22 Zeugen enthoben die Besatzer Johann Bücherl seines Bürgermeisteramtes und setzten Balthasar Laubhart mit dem alten Gemeinderat wieder ein. Als Laubhart im August des gleichen Jahres verstarb, wurde der Maurermeister Hans Schroll ins Bürgermeisteramt berufen, das er bis 1952 versah. Er ermahnte die ehemaligen NS-Parteigenossen im Februar 1946 pünktlich zu der Wochenendfeldarbeit zu erscheinen, die ihnen als Sühne auferlegt worden war.

Pfarrer Weidenauer berichtete im März 1946 an den Bischof: „Die Struktur der Pfarrei hat durch die Kriegs- und Nachkriegsverhältnisse eine sehr große Veränderung zum schlechteren gefunden. Seit Sept. 1944 sind zwei neuerrichtete, große Behelfsheime mit rund 35 Parteien Münchner Ausgebombter besetzt. Außerdem wohnen in allen nur irgendwie verfügbaren Räumen zusammengedrängt alle möglichen Inwohner, zum Teil bisherige Münchner, zum Teil Andersstämmige, welche die Zahl der Katholiken auf rund 1150 und die der Nichtkatholiken auf 150 hinaufschraubten, sodass die Gesamteinwohnerzahl von 800 (1943) auf rund 1300 stieg. Dabei hat aber der Flüchtlingszustrom noch nicht eingesetzt … Leider sind unter den Neuzugezogenen wenig praktizierende Katholiken … Durch den Verlust der Habe … verbittert, sind diese Menschen zum überwiegenden Teil erst recht nicht zu einem religiösen Leben zu bewegen."

Der unter Führung Adolf Hitlers von Deutschland begonnene und schließlich verlorene, brutale Krieg endete damit, dass die USA und Großbritannien Hand in Hand mit der Sowjetunion den ebenso brutalen Beschluss zur „geordneten Umsiedlung" von Millionen von Deutschen aus dem Osten nach Restdeutschland ins Werk setzten.

Die Zeitzeugin Gotelinde Sutner aus Potzham berichtet:

„Die ersten Heimatvertriebenen, damals nur Flüchtlinge genannt, kamen zu Ostern 1946 nach Taufkirchen. Meine Mutter, meine Schwester und ich waren unter ihnen. Wir kamen aus Olmütz, einer deutschen Sprachinsel in Mähren. Wir reisten in einem langen, aus vielen Viehwaggons bestehenden Zug nach München. In einem dieser Waggons hatte ich am 11. April meinen siebten Geburtstag. So viel ich weiß, war unsere Endstation der Bahnhof München-Allach. Wir, alle Insassen unseres Waggons, wurden in einem offenen Lastwagen nach Taufkirchen transportiert. Niemand von uns konnte einen Wunsch äußern und niemand wusste genau, wo wir waren. Meine Mutter er-

---

147 Elsbeth Bosl et. al. Die vielen Gesichter […], S. 161 und 164

zählte oft, dass die Frauen während der langen Fahrt im Zug, auf dem Boden sitzend gebetet hätten, dass wir nicht in die russisch besetzte Zone Deutschlands gebracht würden. Dieser Wunsch war in Erfüllung gegangen. Bayern lag in der amerikanisch besetzten Zone.

Abb.: Gotelinde (7) und Walheide Tannich (5) (re.)

Es war ein sonniger Frühlingstag, als wir von dem Lastwagen kletterten und zum ersten Mal die alte Turnhalle in Taufkirchen sahen. Sie stand nahe an dem Ort, an dem sich heute unser Pfarrheim befindet. Während des 2. Weltkriegs hatten dort die französischen Kriegsgefangenen, die untertags bei den Bauern arbeiteten, geschlafen. Ihre hölzernen Stockbetten standen noch in der düsteren Halle. Unsere Mutter war ziemlich erschüttert und ahnte sicher, wie schwer der Neuanfang werden würde. Wir, meine Schwester und ich, sahen das Stockbett als unser neues Haus an und fanden es als Spielplatz sehr geeignet. Später liefen wir zum Hachinger Bach. Für uns war alles neu und aufregend.

Am Karfreitag betraten wir, unsere Mutter mit ihren Töchtern, zum ersten Mal die vollständig abgedunkelte Pfarrkirche, und ich war von dem Anblick des Heiligen Grabs überwältigt. Es füllte den gesamten Chorraum aus. Es war mit Blumen und mit farbigen Glaskugeln geschmückt. In der Mitte stand die schöne, mit Edelsteinen verzierte Monstranz im Schein vieler Kerzen und darunter lag Christus in einem Felsengrab.

Am Karsamstag wagte ich meinen ersten Spaziergang in das Dorf. Aus der Metzgerei Trenner kam ein kleines Mädchen mit blonden Zöpfen. Sie fragte mich, ob ich ein Flüchtling wäre. Ich überlegte, ob ich einer wäre und was ein Flüchtling überhaupt sei. Zögernd antwortete ich mit Ja. Darauf sagte sie: >Dann schenke ich dir meine Wurst<. Heute noch schätze ich die Geste dieses kleinen Mädchens.

Am Ostersonntag nach dem Gottesdienst kam ein Zug Kinder, aber auch Erwachsene waren dabei, angeführt von Herrn Pfarrer Weidenauer zu unserem Quartier. Jedes Flüchtlingskind bekam von einem Taufkirchner Kind ein Osternest geschenkt. Die schön gefärbten Eier glänzten in der Sonne. Wir freuten uns riesig. Die Frauen erhielten nützliche Geschenke wie Teller oder Besteck. Der Ostermontag brachte eine weitere, große Überraschung. Meine Mutter hatte bei unserer Ankunft in Furth im Wald eine Suchanzeige nach ihrem Ehemann, unserem Vater, und ihren beiden Schwestern beim Roten Kreuz aufgegeben. Um die Mittagszeit kamen alle drei, die schon untereinander Kontakt hatten, zu uns in die Turnhalle. Groß war die Freude für unsere Mutter über das Wiedersehen. Wir zwei Mädchen schauten eher etwas ängstlich die Fremden an. Ich glaubte meinen Vater zu erkennen, aber meine Schwester behauptete fest, dass es Onkel Bertl wäre.

Ein paar Tage später bekamen wir ein großes Zimmer unterm Dach bei der Familie Schittler in Potzham zugewiesen. Darin stand ein Doppelbett, ein Kinderbett und eine Biedermeierbank, bespannt mit roter Seide. Meine Schwester war noch sehr klein für ihr Alter und hatte im Kinderbett Platz. Für mich war die schmale Bank für zwei Jahre meine Schlafstätte, zugedeckt wurde ich mit Vaters Militärmantel, den er Gott sei Dank gerettet hatte. Das Wort „gerettet" war damals bei allen Heimatvertriebenen ein vielgebrauchtes Wort. Fließendes Wasser hatten wir natürlich nicht, aber weit schlimmer war, dass wir keinen Ofen besaßen. Die ersten Monate konnte unsere Mutter keine warme Mahlzeit zubereiten. Im Gasthaus Forstner in Bergham bekamen wir auf Lebensmittelkarten immer wieder ein Essen. Überall auf der Welt gibt es gute Menschen und die alte Frau Forstner gehörte zu ihnen. Vor dem sehr kalten Winter 1946/47 konnte unser Onkel Franzl noch für uns einen alten Küchenherd „organisieren", den er für uns herrichtete. Wieder solch ein wichtiges Wort, jede Zeit kreiert ihren eigenen Sprachstil. Onkel Franzl half oft mit seinem großen technischen Wissen kleinen Handwerksbetrieben und bekam dafür, in eine Art Tauschverfahren, eine Holzhacke, eine Pfanne oder unseren Ofen. Für Geld konnte man nichts kaufen.

Wir Kinder litten unter der Not, die es wirklich gab, nicht sehr. Es waren mehr die Kleinigkeiten, die einen wurmten, wenn uns z. B. unsere Mutter die kurzen Zöpfe mit weißem Zwirn umwickelte. Zopfspangen für den Werktag und Schleifen für den Sonntag waren unser größter Wunsch. Wir wollten nur so sein wie die anderen Kinder.

Im Herbst 1946 kamen meine Schwester und ich in die Schule, ich ein Jahr zu spät und meine sehr kleine Schwester einige Monate zu früh. Taufkirchen hatte bis 1946 nur zwei Schulzimmer. Für die ersten vier Klassen lag es im ersten Stock des früheren Gemeindeamts. Das zweite Klassenzimmer befand sich im ersten Stock des alten Schulhauses neben dem Friedhof am Hachinger Bach. Dorthin gingen die Kinder der fünften bis achten Klasse. Ich erinnere mich noch an ein großes Durcheinander am ersten Schultag, da wir so viele Kinder waren, dass das Klassenzimmer überquoll. Allein *in die erste Klasse kamen 21 Schüler, 6 einheimische Kinder und 15 Flüchtlingskinder, ein Zahlenverhältnis, das mir heute als unfassbar erscheint. Unsere Lehrerin hieß Frau Links. Sie war eine Flüchtlingsfrau und stammte aus dem Banat. Sie sprach einen fremd klingenden Dialekt. Viele einheimische Lehrkräfte waren noch nicht entnazifiziert, deshalb gab es eine großen Bedarf an Aushilfslehrern. Unsere vier Jahrgänge wurden nach den Weihnachtsferien in zwei Klassen geteilt, sodass für die unteren Jahrgänge ein einigermaßen normale Schulbetrieb begann. In die erste und zweite Klasse gingen 43 Schüler. Die neue, sehr junge Lehrerin, Fräulein Matzke, stammte ebenfalls aus dem Sudetenland und übernahm die dritte und vierte Klasse. Das Klassenzimmer war vor- und nachmittags belegt.*

An das erste Weihnachtsfest in Bayern denke ich gerne zurück. Bei der Familie Schittler wohnten damals 8 Flüchtlinge, eine ausgebombte, alte Verwandte und die Familie Schittler mit einem Kind und einer Tante. Nach dem Abendessen, dass bei allen sehr dürftig ausfiel, waren wir in das schöne Wohnzimmer der Familie Schittler zu einer Weihnachtsfeier eingeladen. Am großen, wunderbar geschmückten Weihnachtsbaum erstrahlten die silbernen Kugeln in festlichem Glanz der echten Bienenwachskerzen, damals für uns ein unvorstellbarer Luxus. Jede Familie bekam ein Geschenk. Wir erhielten einen kleinen Porzellanhund, einen Foxl, den wir Kinder gleich in unser Herz schlossen. Herr Schittler sammelte Antiquitäten und trennte sich von einigen Stücken, um die Heimatvertriebenen zu beschenken. Die alte Tante Ida bekam einen Korb voll Holz, damals ein sehr nützliches Geschenk. Die Erwachsenen tranken ein Glas Punsch, das bayerische Lieblingsgetränk zu Weihnachten. Das Fräulein Basolt spielte Weihnachtslieder am Flügel und alle sangen mit. So gut aufgenommen fühlten sich nicht alle Flüchtlinge in ihrer neuen Heimat.

Die viele Heimatvertriebenen, die nach uns des Sommers kamen, erhielten kein Einzelzimmer mehr pro Familie. Ich erinnere mich noch gut, dass beim Bauer Wagmüller in Winning mehrere Familien in einem Raum lebten. Sie grenzen ihren persönlichen Bereich mit Kreidestrichen am Fußboden ab und mussten lange Zeit alle in einer Küche kochen, sicher nicht einfach. Viele Flüchtlingsfrauen waren Kriegerwitwen. Für diese dauerte es oft Jahre bis sie eine kleine Wohnung fanden und das Leben etwas besser wurde.

Nach der Währungsreform im Jahr 1948 ging es langsam aufwärts. Die Gemeinde Taufkirchen baute an der Bahnhofsstraße drei Vierfamilienhäuser. Dort erhielt unsere Familie eine Wohnung, nicht sehr groß, aber mit eigenem Bad, und der Weg zum Bahnhof war nicht weit. In München fanden die meisten Vertriebenen Arbeit. Viele zogen im Lauf der nächsten Jahre in die Stadt. Auch die Pfarrei half die Wohnungsnot zu lindern. Sie stellte in der neu angelegten Egerländer Straße Baugrund für Einfamilienhäuser mit Garten auf Erbpachtbasis zur Verfügung. Das erleichterte die Finanzierung sehr.

Das Leben in Taufkirchen war einfach und schön. Drei Lebensmittelgeschäfte, ein Metzger, ein Bäcker und eine Molkerei versorgten die Bevölkerung. Auch eine Kirche und ein Postamt hatten wir und viele tüchtige Handwerker. Der Verkehr war wenig. Wir Kinder spielten im Dorf, wo wir Lust hatten, da eine ständige Überwachung durch die Eltern noch nicht üblich war."

Bis zum Jahresende 1946 hatte Taufkirchen 245 ausgebombte Münchner und 415 Flüchtlinge aufgenommen und jetzt 1460 Einwohner. Die Auswärtigen stammten hauptsächlich aus dem Sudetenland und Schlesien. Ein Wohnungskommissar wies den Wohnungsbesitzern ohne Widerspruchsmöglichkeit Flüchtlingsfamilien zu und man musste sich auf engstem Raum arrangieren.

Eine besonders aktive Gruppe der Neubürger kam aus dem Egerland. Der Ortspfarrer charakterisierte sie als „Fabrikarbeiter und Antifaschisten" und beklagte Taufkirchen sei von ihnen „überschwemmt". Von diesen ging die Initiative aus, dass sich schon 1947 dreizehn Männer und siebzehn Frauen im Dorfgasthaus trafen und eine SPD-Ortsgruppe gründete. Bei der Landtagswahl 1950 erhielt die SPD knapp 40 Prozent der Stimmen, während die Bayernpartei 16 und die CSU 14 Prozent erzielten. Die Flüchtlinge gründeten einen gemischten Chor mit dem Namen „Volksgesangsverein". In der neu angelegten Egerländer Straße stellte die Kirchengemeinde Grundstücke zur Verfügung, auf den Flüchtlinge in Eigenarbeit bescheidene Häuser errichteten. An der Bahnhofstraße ließ die Gemeinde Taufkirchen drei Häuser für jeweils 4 Flüchtlingsfamilien erbauen. Die Integration verlief nicht ohne Konflikte zwischen Alt- und Neubürgern. Der Ortsgeistliche beklagte: den „Egoismus der Einheimischen, die sich den Zugewanderten gegenüber fast ganz abkapseln ..."

Die Bevölkerung hatte nach dem Krieg ein großes Bedürfnis nach den erfreulichen Seiten des Lebens. Pfarrer Weidenauer brandmarkte dies als „unglaubliche Vergnügungssucht": „In die Stadt oder zum Kino nach Unterhaching wandern an Sonntag-Nachmittagen ganze Prozessionen. Flüchtlingsausschuss, Arbeiterwohlfahrt, freier Burschenverein, Gesangsvereine, die Wirte veranstalten alle Augenblicke Samstagsbälle ..."

Abb.: Siedlerhäuser in der Egerländerstraße 1968

In den neunzehnhundertfünfziger Jahren erholte sich die westdeutsche Wirtschaft erstaunlich schnell. Der Pfarrer sieht die Kehrseite der Entwicklung: „Im großen und ganzen kann man sagen, dass >das deutsche Wunder< einen Niedergang in der Wertschätzung katholischen Lebens ... mit sich brachte."[148]

Beim Wahlkampf 1952 befehdeten sich mit Schroll und Bücherl zwei Bürgermeisterkandidaten mit Flugblättern, in denen die Gegner sich in scharfer Form Unwahrheiten vorwarfen. Sieger wurde Johann Bücherl, der das Amt nochmals bis 1966 inne hatte. 1957 beschloss der Gemeinderat mit Zustimmung des Innenministeriums das Familienemblem der Taufkircher als Gemeindewappen einzuführen. Die amtliche Blasonierung [Beschreibung] lautet: „In Schwarz der Rumpf eines rot bewehrten goldenen Löwen, der sich mit den beiden Vorderpranken ein silbernes Schwert durch das Maul stößt." Zweifel gegen diese Deutung wurden jahrelang nicht erhoben.

1962 wurde im Dorf der Sportverein Taufkirchen (SV), neun Jahre später „Am Wald" der Verein DJK (Deutsche Jugendkraft) gegründet. Erst 1965 entstand „durch Spaltung der >Freien Wählergemeinschaft<"[149] ein CSU- Ortsverband.

1962 stellte mit der Bachmühle die letzte Mehlmühle aus Alters- und Konkurrenzgründen ihren Betrieb ein. Fast 2.000 Jahre lang, seit der Zeit der Römer, hatten die Menschen die Kraft des Hachinger Baches zur Herstellung dieses unverzichtbaren Lebensmittels genutzt.

Josef Geisenhof war Taufkirchner Gemeindeoberhaupt von 1966 bis 1972. Angesichts

---

148 Erzbischöfliches Archiv München (EAM), Kath. Pfarramt Taufkirchen, Seelsorgsjahresberichte 1944/45 bis 1961/62/63
149 Gemeinde Taufkirchen (Hg.), Gemeinde Taufkirchen, Selbstverlag 1983

eines großen Wohnungsmangels in München und Umgebung begannen bereits 1964 Vorüberlegungen zur Errichtung einer Großsiedlung westlich der Bahnlinie. Innerhalb von drei Jahren ließ die Gemeinde einen Flächennutzungsplan und nach einem Architektenwettbewerb einen Bebauungsplan erstellen und schloss umfangreiche Erschließungsverträge mit einem Bauträgerkonsortium. Auch wurde mit der Errichtung einer Ortskanalisation begonnen (ein Wasserwerk gab es schon seit 1929).

1968 ist Baubeginn des neuen Ortsteils „Am Wald". Eine Fläche von rund 100 Hektar wird mit allen notwendigen Infrastrukturkomponenten (Straßen, Leitungen, Einkaufszentrum, Grundschule, Friedhof, Grünflächen) erschlossen.

Abb.: Kinder, Kinder

Es folgen in den nächsten Jahren die Neubaugebiete in Bergham und am Heimgarten. Innerhalb von 7 Jahren ziehen rund 12.000 Neubürger nach Taufkirchen. Unter ihnen sind viele Kinder: An den neuen Grundschulen Ost und West werden zusammen neun Eingangsklassen gebildet!

Abb.: Die Pfarrer Josef Gerbl und Harro Renner (hinten)

1970 wird auch eine Behelfskirche errichtet und 1975 weiht Kardinal Josef Döpfner das katholische Pfarrzentrum St. Georg ein. Die evangelischen Christen nahmen 1971 ihren Kindergarten mit Gottesdiensträumen und 1981 das Pfarrzentrum in Betrieb, dessen Gotteshaus 1988 den Namen Jerusalemkirche erhielt.[150] Zwei charismatische Kirchenmänner bauten tatkräftige Gemeinden auf: Josef Gerbl auf der katholischen, Harro Renner auf der evangelischen Seite. Sie erwarben sich große Verdienste bei der Integration der Neubürger. Von der evangelischen Gemeinde ging die Initiative aus zur 1972 gegründeten Nachbarschaftshilfe. Viele Jahre lang engagiert geleitet von Marianne Boegner, war diese gemeinnützige Institution den zuziehenden jungen Familien eine unverzichtbare Stütze.

---

150 Gunter Tempel, Vaira Tempel, Harro Renner, Evangelisch-Lutherische Jerusalemkirchengemeinde Taufkirchen 1973-2008, Selbstverlag Taufkirchen 2008

Abb.: Hochhaus am Lindenring um 1970

Abb.: Die katholische Behelfskirche in der Pappelstraße um 1970

1971 wurde die „Giesinger Autobahn" (B13) eingeweiht. Im Jahr der Olympischen Spiele in München, 1972, ersetzt die elektrisch betriebene S-Bahn den Dampflokverkehr.

Abb.: Die S-Bahn fährt ein

Die Gemeindegeschicke leitet 1972 bis 1990 Dr. Walter Riedle. 1974 kann er ein neues Rathaus seiner Bestimmung übergeben, 1978 die Realschule, 1986 das Museum Wolfschneiderhof, zwei Jahre später den Ritter-Hilprand-Hof. Die Gemeindekasse war wegen der zahlreichen Infrastrukturmaßnahmen viele Jahre lang stark belastet.

1978 gelingt es der neuentstandenen FDP-Ortsgruppe zwei Sitze im Gemeinderat zu erobern. 1983 wird die Ortsgruppe der Partei „Die Grünen" gegründet, die im Folgejahr einen Vertreter in den Gemeinderat entsenden kann.

Abb.: Dr. Walter Riedle (links) und sein Team um 1975

In den 1980er Jahren wurde lokal auch Weltpolitik diskutiert: Bundeskanzler Helmut Schmidt hatte maßgebenden Anteil daran, dass die Nato 1979 beschloss, gegen neue Mittelstreckenraketen der UdSSR ebenfalls Raketen in Deutschland zu stationieren. Gegen das gefährliche Wettrüsten und die aggressive amerikanische Außenpolitik unter Präsident Reagen formierte sich Widerstand. Als Teil der Friedensbewegung gründeten Bürger auch in Taufkirchen eine Friedensinitiative (FI). Sie veranstaltet Diskussionen zur Kriegspolitik mit Vertretern von Messerschmitt-Boelkow-Blohm (MBB, gegründet 1969) und prominenten Gegnern des geplanten Raketenabwehrschildes der USA. Mitglieder der FI veranstalteten Mahnwachen am Friedenweg und nahmen an überörtlichen Demonstrationen teil.

Am 26.4.1986 kommt es zum GAU des Atomkraftwerks in Tschernobyl/Ukraine; in weiten Teilen Europas verzeichnet man in den ersten Maitagen radioaktive Niederschläge, die Lebensmittel ungenießbar machen. In Bayern versäumen es die Behörden, die Bevölkerung vor dem Aufenthalt im Freien und insbesonders Kinder vor dem Spiel im Freien zu warnen. Bis heute sind Wildtiere und -Pilze kontaminiert. Nach den Räumungsarbeiten starben rund 50 „Liquidatoren"; man schätzt, dass die „Havarie" in einem Zeitraum von 50 Jahren etwa 40.000 Krebserkrankungen auslösen wird. - Nach den Kernschmelzen in 4 Blöcken des Atomkraftwerks Fukushima im März 2011 beschloss die Bundesregierung unter Kanzlerin Angela Merkel aus der Kernenergie „auszusteigen".

Im November 1989 fällt dank der friedlichen Revolution mutiger Bürger in der DDR die Mauer, die Deutschland seit 1961 trennte. Die Gemeinde Taufkirchen erinnert an die Wiedervereinigung mit einer Gedenktafel nahe der Realschule und dem Text: „Tag der deutschen Einheit - 3. Oktober 1990 - Einigkeit und Recht und Freiheit".

1990/91 kommen infolge der Balkankriege Asylbewerber nach Taufkirchen; 180 von ihnen werden in der leerstehenden Gaststätte Jagdhof im Wald nahe des Autobahnkreuzes untergebracht. Ein Helferkreis um Pfarrer Harro Renner leistet ehrenamtliche Hilfe.

Von 1990 – 2002 ist Hartmann Räther Chef im Rathaus. In seine Amtszeit fällt der Bau von drei Großanlagen: der neuen Feuerwache, des Sportparks und des privaten, öffentlich geförderten Fernwärmekraftwerks. Das Kraftwerk versorgt die öffentlichen Gebäude der Gemeinde und die genossenschaftlichen Wohnanlagen mit Heizenergie; BioEnergie, der Betreiber der Anlage, hat diese inzwischen erfolgreich mit Tiefbohrungen zur Heißwassergewinnung ergänzt.

1995 hatte sich eine lokale Agendagruppe gebildet, um mit bürgerschaftlichen Engagement eine nachhaltige Gemeindeentwicklung zu fördern. In Zusammenarbeit von Umweltamt und Agenda wurden die Umweltsituation untersucht und Zielvorgaben in einem Umweltbericht fixiert.

21. Jahrhundert

2002 wählen die Bürger Eckhard Kalinowski zum Bürgermeister. Es wird in Gemeinderat und Öffentlichkeit heftig über die Bebauung der Kegelfelder diskutiert. Drei Architekten arbeiten Planungsvorschläge aus, ein Gutachter stellt fest, dass der Verkehr um verkraftbare 13 % zunehmen wird. Erstmals versammeln sich Einwohner zu einer Bürgerwerkstatt, welche für eine maßvolle Bebauung eintritt. Die „Initiative lebenswertes Taufkirchen" (ILT) malt jedoch das Schreckgespenst des Verkehrsinfarktes an die Wand und hat damit Erfolg: In einem Bürgerentscheid wird das von den anderen Parteien in Rathaus unterstützte Projekt mehrheitlich abgelehnt. Die ILT war 1994 gegründet worden und ist seit 1996 im Gemeinderat vertreten.

Abb.: Gewerbegebiet Taufkirchen / Brunntal

Die soziale und die Sicherheitslage insbesondere „am Wald" spielte in der öffentlichen Diskussion eine große Rolle. Der Gemeinderat beschloss zahlreiche Maßnahmen, um die Jugend- und Migrationsarbeit zu verstärken. Die Agendagruppe erarbeitete maßgeblich einen Sozialbericht mit Zukunftsperspektiven, der 2005 erschien. Ikea eröffnete am Rande Taufkirchens ein sehr erfolgreiches Möbelhaus.

Im Jahr 2008 setzte sich Dr. Jörg Pötke (ILT) in der Bürgermeisterwahl durch und zog mit einer siebenköpfigen Fraktion ins Rathaus ein[151]. Die Unterschutzstellung der Ackerbau- und Feuchtflächen rund um Pötting als Landschaftsschutzgebiet gelingt dem Gemeinderat nach langen Bemühungen im Jahr 2015.

Insbesondere wegen heftiger Differenzen mit der Rathausbelegschaft wird Dr. Pötke 2012 des Dienstes enthoben — vorläufig. Da aber bis zur nächsten Wahl die

---

151 Mit dem Bürgermeister verfügte sie über 8 von 25 Stimmen.

Gerichtsprozesse, die klären sollten, ob die Vorwürfe gegen ihn berechtigt waren, nicht abgeschlossen sind, muss er dauerhaft von der Zweiten Bürgermeisterin Angelika Steidle vertreten werden, was diese mit Charme und Mut bewältigt.

Im Jahr 2012 konnte ein erst zwei Jahre alter Verein in Bahnhofsnähe mit einem öffentlichen Fest eine türkisch-islamische Moschee eröffnen.

Abb.: Freitagsgebet in der Moschee

Im Auftrag der Gemeinde recherchierte ein Team der Hochschule für angewandte Wissenschaften in München unter Leitung von Professor Theo Klöck die Bau- und Sozialsituation „am Wald", um einen Masterplan zu erstellen, damit soziale Brennpunkte entschärft und der Zusammenhalt von Alt- und Neu-Taufkirchen verbessert werden kann. Dazu stellte Taufkirchen erfolgreich den Antrag in das Förderprogramm „Soziale Stadt" von Bund und Land aufgenommen zu werden.

Die nächste Kommunalwahl fand 2014 statt. Der parteilose Kandidat der CSU, Ullrich Sander, machte das Rennen. Ihm gelang in kurzer Zeit eine Verbesserung der Außendarstellung der Gemeinde durch Reform der Homepage, des Mitteilungsblattes und der Veranstaltungen im Ritter-Hilprand-Hof (Kultur- und Kongresszentrum).

Abb.: Walter Klingenbeck Realschule

Die neue Walter-Klingenbeck-Realschule[152] konnte 2014 bezogen werden. Der Vorgängerbau aus dem Jahr 1978 musste erstaunlicherweise bereits wegen Brandschutzmängeln und schlechter Wärmedämmung abgebrochen werden. - Auch zwei „Kinderhäuser" wurden fertiggestellt.

Die Gemeinde bemühte sich einen Investor zu finden, der es unternimmt, das in die Jahre gekommene, zentrale Einkaufszentrum Lindenring zu erneuern. Die bestehenden Gebäude sollen fast sämtlich abgebrochen und durch größere Läden und 180 Wohnungen ersetzt werden. Im Juli 2016 beschloss der Gemeinderat mit großer Mehrheit hierzu den Bebauungsplan. Eine Minderheit kritisierte jedoch die sehr dichte Bebauung, die Betondecke über der mittigen Passage und die vorgesehene Sperrung des Zentrums am Feierabend.

Das Jahr 2015 war gekennzeichnet durch die Aufnahme von über einer Million Flüchtlingen aus Nahost und Afrika in Deutschland. Auf mehreren Bürgerforen warben der Bürgermeister und Landrat Christoph Göbel für diese Aufgabe. Nachdem zunächst die gemeindliche Turnhalle als Notquartier diente, wurde (vorläufig für ein Jahr) eine Traglufthalle errichtet, die Platz für 300 Betten bietet. Im Februar 2016 wurden 7 neue Häuser in Containerbauweise für jeweils 32 Asylbewerber nördlich der Realschule bezogen. Fast 100 Bürger bildeten einen Helferkreis, der versuchte, den Flüchtlingen beizustehen.

Zunehmend wurde und wird die Aufnahme der Fremden in Deutschland (und die mangelnde Solidarität der Nachbarländer) als Problem angesehen. Der „Stern" schrieb

---

152 Die Schule wurde nach Walter Klingenbeck (1924-43) benannt, der mit Freunden in München einen Radiosender baute und damit angelsächsische Nachrichtensendungen verbreitete und dafür hingerichtet wurde.

am 28.1.2016: „Eine Lösung des Flüchtlingsproblems ist in absehbarer Zeit nicht in Sicht. Einfache Maßnahmen werden dies Jahrhundertereignis nicht wesentlich beeinflussen. Das beschauliche Leben in Deutschland des Jahres 2014 ist vorbei. Es kommt nie mehr zurück." Vielleicht ist diese Prognose zu pessimistisch, aber es zeigt sich, dass Weltprobleme zunehmend auch Auswirkungen auf Kommunen wie Taufkirchen haben.

Abb.: Asylbewerberheime 2015/16

Auch die hiesige Bevölkerung war beunruhigt durch die zahlreichen Berichte über Terrorakte in viele Ländern; um so mehr als im Jahr 2016 auch in Bayern mehrere Gewaltakte von einzelnen, zum Teil ferngesteuerten, jungen Männern verübt wurden.

Papst Franziskus hat 2015 seine „Sorge für das gemeinsame Haus", die Welt, in einer Enzyklika formuliert. Er beklagt Umweltverschmutzung, Wegwerfkultur, soziale Ungerechtigkeit und Unfrieden. Franziskus plädiert für eine „ökologische Umkehr" und fordert: Um die Gesellschaft menschlicher zu machen, muss die Liebe im sozialen Leben neu bewertet und zur beständigen, obersten Norm des Handelns erhoben werden.

Auf Taufkirchen angewendet heißt die Aufgabe, umweltfreundliches Verhalten, Fairness in der Gemeindepolitik, Verständnis für Fremde zu zeigen und auszubauen und Bedrohungen aller Art klug zu begegnen. Dann kann man hoffentlich auch künftigen Bürgern dieser freundlichen Gemeinde wieder zurufen, was die Römer, die vor 2000 Jahren in Potzham wohnten, auf einen Trinkbecher geschrieben hatten: **„Vivite felices! lebt glücklich!"**

Literatur

- Peter Acht, Die Traditionen der Klosters Tegernsee 1003-1242, C. H. Beck Verlag, München 1952
- Roswitha von Bary, Herzogsdienst und Bürgerfreiheit, Hugendubel, München, 1997
- Kurt Bauch, Das mittelalterliche Grabbild, Verlag de Gruyter, Oldenburg 1976
- Ludwig Biewer, Handbuch der Heraldik, bearbeitet für den Herolds-Ausschuss der Deutschen Wappenrolle, Nikol Verlag, Hamburg 2007
- Elsbeth Bosl et. al. Die vielen Gesichter der Zwangsarbeit: „Ausländereinsatz" im Landkreis München 1939–1945, Verlag K. G. Saur, München 2005
- Gertrud Diepolder, Max Spindler (Hg.) Bayerischer Geschichtsatlas, Bayerischer Schulbuchverlag, München 1969
- Gertrud Diepolder, Das Hachinger Tal - Fiskus Haching in Bay. Vorgeschichtsblätter, Jg.75, München 2010
- Rudolf Felzmann, Unterhaching, Ein Heimatbuch, Eigenv. Gemeinde Unterhaching 1988
- Günther Flohrschütz, Die Dienstmannen des Klosters Tegernsee, Obb. Archiv, Bd. 11
- Dietrich Grund, Andreas Huber, Der Hachinger Bach. Seine Entstehung - seine Menschen – seine Mühlen, Books on Demand, Norderstedt 2014
- Dietrich Grund, Andreas Huber, Hilprant und die Familie der Taufkircher, Books on Demand, Norderstedt 2015
- Ludwig A. Freiherr von Gumppenberg, Die Gumppenberger auf turnieren, Würzburg 1862
- Brigitte Haas-Gebhard, Die Baiuvaren, Archäologie und Geschichte, Pustet Verlag, Regensburg 2013
- Brigitte Haas-Gebhard, Unterhaching. Eine Grabgruppe der Zeit um 500 n. Chr. bei München, Selbstverlag Archäologische Staatssammlung, München 2013
- Michael Henkel u. A. (Hg.), Bauern in Bayern, HdBG, München 1992
- Reinhard Heydenreuter, Kriminalgeschichte Bayerns, Verlag F. Pustet, Regensburg 2008
- Heinz Lieberich, Materialien zur Bay. Landesgeschichte, Band 7, Die Bayerischen Landstände, Lasleben Verlag, Kalmünz 1990
- Karl Hobmair, Hachinger Heimatbuch, Selbstverlag Kath. Pfarramt, Oberhaching 1979
- Wiguleus Hund, Bayrisch Stammenbuch III, Nachdruck Neustadt/Aisch 1999

- August Koch, Kulturbilder aus dem Hachinger Tale, München 1911
- Georg Mooseder, Adolf Hackenberg, 1200 Jahre Perlach, Festring Perlach, Mü. 1990
- Johann Prey, Sammlung zur Genealogie des bayerischen Adels, Freising 1741
- Friedrich Prinz, Die Geschichte Bayerns, Pieperverlag, München 1997
- Hermann Rumschöttel (Hg.), Lebendige Heimat Oberhaching, Selbstverlag Gemeinde Oberhaching 1999
- Hermann Rumschöttel (Hg.), Heimatbuch Neubiberg - Unterbiberg, Selbstverlag Gemeinde Neubiberg 2010
- Maria Rita Sagstetter, Hoch- und Niedergerichtsbarkeit im spätmittelalterlichen Herzogtum Bayern, C. H. Beck, München 2000
- Helmuth Stahleder/Stadtarchiv München (Hg.), Ältestes Häuserbuch der Stadt München, Verlag Ph. Schmidt, Neustadt/Aich 2006,
- Heide Stamm, Das Turnierbuch des Ludwig von Eyb, Akad. Verlag, Stuttgart 1986
- Hans Stingl (Hg.), Höhenkirchen, Chronik eines Dorfes, Selbstverlag Gemeinde Höhenkirchen-Siegertsbrunn 2002
- Wilhelm Störmer, Adel und Ministeralität im Spiegel der bairischen Namengebung, in Deutsches Archiv für die Erforschung des Mittelalters, Böhlanverlag, Köln, Wien 1977
- Gemeinde Taufkirchen, Festschrift anlässlich der Einweihung des neuen Rathauses, Selbstverlag Taufkirchen 1974
- Gemeinde Taufkirchen (Hg.), Gemeinde Taufkirchen, Selbstverlag 1983
- Gemeinde Taufkirchen (Hg.), Taufkirchen gestern – heute – morgen, Geiger-Verlag, Horb am Neckar 1998
- Gunter Tempel, Vaira Tempel, Harro Renner, Evangelisch-Lutherische Jerusalemkirchengemeinde Taufkirchen 1973-2008, Selbstverlag, Taufkirchen 2008
- Ludwig Wamser (Hg.), Katalog der Ausstellung Karfunkelstein und Seide, Selbstverlag Archäologische Staatssammlung, München 2010
- Archiv des Erzbistums München & Freising, Johannes Wenk, Geschichtliche Notizen über die Pfarrei Taufkirchen bei München, Hohenbrunn 1943 (unveröffentlicht)

Bildnachweis

Archiv der Gemeinde Taufkirchen:
- Abbildungen auf den Seiten 28, 40, 62, 65, 76, 77 oben, 77 unten, 78 unten und Titelseite links

Bayerisches Hauptstaatsarchiv:
- Abbildungen auf den Seiten 31, 37 oben und 61

Alexander Dobrusskin:
- Abbildungen auf den Seiten 74 und 78 oben

Moscheeverein Taufkirchen:
- Abbildung auf der Seite 81

Dr. Gotelinde Sutner:
- Abbildung auf der Seite 70

de.wikipedia.org:
- Abbildungen auf den Seiten 12, 16, 17, 37 unten, 42 und 49

- Abbildung auf der Titelseite rechts: Hoffmanr, CC BY-SA 3.0, https://commons.wikimedia.org/w/index.php?curid=11113456

- Abbildung auf Seite 22: Patagonier - Eigenes Werk nach einer Paintshop-Eigenzeichnung von de:User:Botaurus, basierend auf einer Zeichnung aus: H. Küster: Geschichte der Landschaft in Mitteleuropa. C. H. Beck, München 1997, ISBN 3406453570, CC BY-SA 3.0, https://commons.wikimedia.org/w/index.php?curid=7904312

Dietrich Grund, Andreas Huber:
- alle übrigen Abbildungen

Anhang

Anhang 1: Die „Herrscher" von Taufkirchen

Juditha, urkundlich 1148 - 1156

...

„Mutter der Taufkircher", urkundlich 1289

...

Hilprant I, 1330 – 1381

Hilprant II, urkundlich 1349

Heinrich Otto, +1418

Georg I, urkundlich +1466

Hans II, urkundlich 1482, 1483

Hans Heinrich, +1524

Georg II, 1524 – 1544

Der Herzog

Kanzler Egckh, 1560 - 1574

Der Herzog

Jesuiten, 1585 – 1773

Herzog / Kurfürst

Malteser, 1781 – 1803

Der König, bis 1918

Freistaat, ab 1918

Anhang 2: Bevölkerungsentwicklung

Die Einwohnerzahlen stammen aus verschiedenen Quellen. Die Zahlen für das 16. Jahrhundert sind Schätzzahlen, denen folgende Überlegungen zugrunde liegen: Im 19. Jahrhundert lagen die Zahlen Einwohner pro Hof zwischen 5 und 6. Wenn man die Zahl der Bewohner je Hof im 16. Jahrhundert auf 5 schätzt (da die Dorfstruktur wohl damals auch ähnlich war), hatte die Hofmark ursprünglich 28 x 5 = 140 Einwohner, die sich durch deren Vergrößerung aufgrund von Schenkungen des Herzogs auf 65 x 5 = 325 erhöhten.

Die aktuelleren Zahlen berücksichtigen sowohl die Haupt- als auch die Nebenwohnsitze.

Jahr	Einwohner
1300	60
1544	140
1592	325
1671	310
1818	484
1880	585
1933	772
1939	780
1946	1.521
1949	1.815
1954	1.628
1968	1.545
1972	10.000
1980	14.455
1990	16.087
2000	17.408
2015	19.670

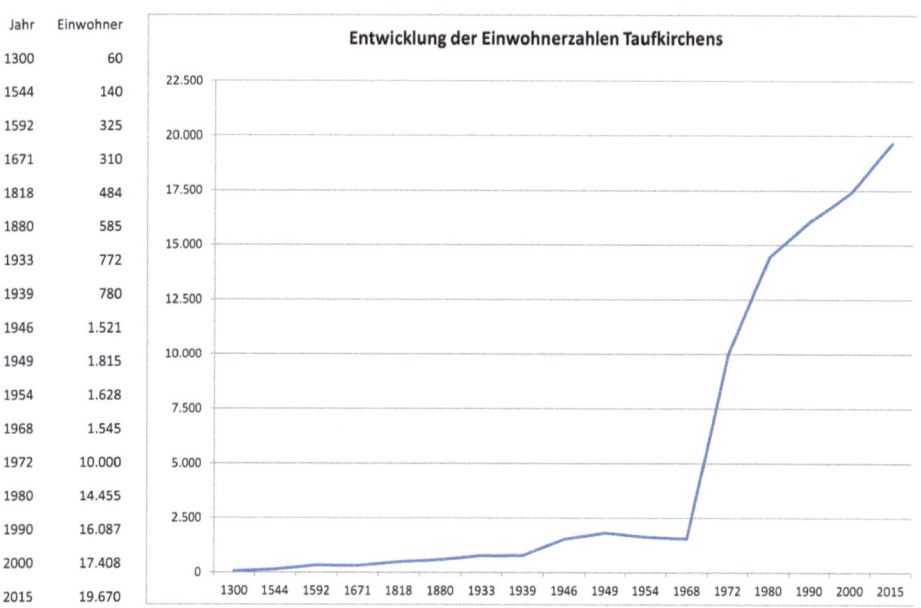